興味の尽きることのない漢字学習

漢字文化圏の人々だけではなく、
世界中に日本語研究をしている人が数多くいます。
漢字かなまじり文は、独特の形を持ちながら
伝統ある日本文化を支え、
伝達と文化発展の基礎となってきました。
その根幹は漢字。
一字一字を調べていくと、
その奥深さに心打たれ、興味がわいてきます。
漢字は、生涯かけての
勉強の相手となるのではないでしょうか。

「漢検」級別 主な出題内容

10級 …対象漢字数 80字
漢字の読み／漢字の書取／筆順・画数

9級 …対象漢字数 240字
漢字の読み／漢字の書取／筆順・画数

8級 …対象漢字数 440字
漢字の読み／漢字の書取／部首・部首名／筆順・画数／送り仮名／対義語／同じ漢字の読み

7級 …対象漢字数 642字
漢字の読み／漢字の書取／部首・部首名／筆順・画数／送り仮名／対義語／同音異字／三字熟語

6級 …対象漢字数 835字
漢字の読み／漢字の書取／部首・部首名／筆順・画数／送り仮名／対義語・類義語／同音・同訓異字／三字熟語／熟語の構成

5級 …対象漢字数 1026字
漢字の読み／漢字の書取／部首・部首名／筆順・画数／送り仮名／対義語・類義語／同音・同訓異字／誤字訂正／四字熟語／熟語の構成

4級 …対象漢字数 1339字
漢字の読み／漢字の書取／部首・部首名／送り仮名／対義語・類義語／同音・同訓異字／誤字訂正／四字熟語／熟語の構成

3級 …対象漢字数 1623字
漢字の読み／漢字の書取／部首・部首名／送り仮名／対義語・類義語／同音・同訓異字／誤字訂正／四字熟語／熟語の構成

準2級 …対象漢字数 1951字
漢字の読み／漢字の書取／部首・部首名／送り仮名／対義語・類義語／同音・同訓異字／誤字訂正／四字熟語／熟語の構成

2級 …対象漢字数 2136字
漢字の読み／漢字の書取／部首・部首名／送り仮名／対義語・類義語／同音・同訓異字／誤字訂正／四字熟語／熟語の構成

準1級 …対象漢字数 約3000字
漢字の読み／漢字の書取／故事・諺／対義語・類義語／同音・同訓異字／誤字訂正／四字熟語

1級 …対象漢字数 約6000字
漢字の読み／漢字の書取／故事・諺／対義語・類義語／同音・同訓異字／誤字訂正／四字熟語

※ここに示したのは出題分野の一例です。毎回すべての分野から出題されるとは限りません。また、このほかの分野から出題されることもあります。

日本漢字能力検定採点基準

最終改定：平成25年4月1日

❶ 採点の対象
筆画を正しく、明確に書かれた字を採点の対象とし、くずした字や、乱雑に書かれた字は採点の対象外とする。

❷ 字種・字体
① 2～10級の解答は、内閣告示「常用漢字表」（平成二十二年）による。ただし、旧字体での解答は正答とは認めない。
② 1級および準1級の解答は、『漢検要覧 1／準1級対応』（公益財団法人日本漢字能力検定協会発行）に示す「標準字体」「許容字体」「旧字体一覧表」による。

❸ 読み
① 2～10級の解答は、内閣告示「常用漢字表」（平成二十二年）による。
② 1級および準1級の解答には、①の規定は適用しない。

❹ 仮名遣い
仮名遣いは、内閣告示「現代仮名遣い」による。

❺ 送り仮名
送り仮名は、内閣告示「送り仮名の付け方」による。

❻ 部首
部首は、『漢検要覧 2～10級対応』（公益財団法人日本漢字能力検定協会発行）収録の「部首一覧表と部首別の常用漢字」による。

❼ 筆順
筆順の原則は、文部省編『筆順指導の手びき』（昭和三十三年）による。常用漢字一字一字の筆順は、『漢検要覧 2～10級対応』収録の「常用漢字の筆順一覧」による。

❽ 合格基準

級	満点	合格
1級／準1級／2級	二〇〇点	八〇％程度
準2級／3級／4級／5級／6級／7級	二〇〇点	七〇％程度
8級／9級／10級	一五〇点	八〇％程度

※部首、筆順は『漢検 漢字学習ステップ』など公益財団法人日本漢字能力検定協会発行図書でも参照できます。

日本漢字能力検定審査基準

10級

程度　小学校第1学年の学習漢字を理解し、文や文章の中で使える。

領域・内容

《読むことと書くこと》　小学校学年別漢字配当表の第1学年の学習漢字を読み、書くことができる。

《筆順》　点画の長短、接し方や交わり方、筆順および総画数を理解している。

9級

程度　小学校第2学年までの学習漢字を理解し、文や文章の中で使える。

領域・内容

《読むことと書くこと》　小学校学年別漢字配当表の第2学年までの学習漢字を読み、書くことができる。

《筆順》　点画の長短、接し方や交わり方、筆順および総画数を理解している。

8級

程度　小学校第3学年までの学習漢字を理解し、文や文章の中で使える。

領域・内容

《読むことと書くこと》　小学校学年別漢字配当表の第3学年までの学習漢字を読み、書くことができる。

- 音読みと訓読みとを理解していること
- 送り仮名に注意して正しく書けること（食べる、楽しい、後ろ　など）
- 対義語の大体を理解していること（勝つ―負ける、重い―軽い　など）
- 同音異字を理解していること（反対、体育、期待、太陽　など）

《筆順》　筆順、総画数を正しく理解している。

《部首》　主な部首を理解している。

7級

程度　小学校第4学年までの学習漢字を理解し、文章の中で正しく使える。

領域・内容

《読むことと書くこと》　小学校学年別漢字配当表の第4学年までの学習漢字を読み、書くことができる。

- 音読みと訓読みとを正しく理解していること
- 送り仮名に注意して正しく書けること（等しい、短い、流れる　など）
- 熟語の構成を知っていること
- 対義語の大体を理解していること（入学―卒業、成功―失敗　など）
- 同音異字を理解していること（健康、高校、公共、外交　など）

《筆順》　筆順、総画数を正しく理解している。

《部首》　部首を理解している。

6級

程度　小学校第5学年までの学習漢字を理解し、文章の中で漢字が果たしている役割を知り、正しく使える。

領域・内容

《読むことと書くこと》　小学校学年別漢字配当表の第5学年までの学習漢字を読み、書くことができる。

・音読みと訓読みとを正しく理解していること
・送り仮名や仮名遣いに注意して正しく書けること（求める、失う　など）
・熟語の構成を知っていること（上下、絵画、大木、読書、不明　など）
・対義語、類義語の大体を理解していること（禁止―許可、平等―均等　など）
・同音・同訓異字を正しく理解していること

《筆順》　筆順、総画数を正しく理解している。

《部首》　部首を理解している。

5級

程度　小学校第6学年までの学習漢字を理解し、文章の中で漢字が果たしている役割に対する知識を身に付け、漢字を文章の中で適切に使える。

領域・内容

《読むことと書くこと》　小学校学年別漢字配当表の第6学年までの学習漢字を読み、書くことができる。

・音読みと訓読みとを正しく理解していること
・送り仮名や仮名遣いに注意して正しく書けること
・熟語の構成を知っていること
・対義語、類義語を正しく理解していること
・同音・同訓異字を正しく理解していること

《四字熟語》　四字熟語を正しく理解している（有名無実、郷土芸能　など）。

《筆順》　筆順、総画数を正しく理解している。

《部首》　部首を理解し、識別できる。

4級

程度　常用漢字のうち約１３００字を理解し、文章の中で適切に使える。

領域・内容

《読むことと書くこと》　小学校学年別漢字配当表のすべての漢字と、その他の常用漢字約３００字の読み書きを習得し、文章の中で適切に使える。

・音読みと訓読みとを正しく理解していること
・送り仮名や仮名遣いに注意して正しく書けること
・熟語の構成を正しく理解していること
・熟字訓、当て字を理解していること（小豆／あずき、土産／みやげ　など）
・対義語、類義語、同音・同訓異字を正しく理解していること

《四字熟語》　四字熟語を理解している。

《部首》　部首を識別し、漢字の構成と意味を理解している。

3級

程度　常用漢字のうち約１６００字を理解し、文章の中で適切に使える。

領域・内容

《読むことと書くこと》　小学校学年別漢字配当表のすべての漢字と、その他の常用漢字約６００字の読み書きを習得し、文章の中で適切に使える。

・音読みと訓読みとを正しく理解していること
・送り仮名や仮名遣いに注意して正しく書けること
・熟語の構成を正しく理解していること
・熟字訓、当て字を理解していること（乙女／おとめ、風邪／かぜ　など）
・対義語、類義語、同音・同訓異字を正しく理解していること

《四字熟語》　四字熟語を理解している。

《部首》　部首を識別し、漢字の構成と意味を理解している。

※常用漢字とは、平成22年（2010年）11月30日付内閣告示による「常用漢字表」に示された2136字をいう。

準2級

程度 常用漢字のうち1951字を理解し、文章の中で適切に使える。

領域・内容

《読むことと書くこと》 1951字の漢字の読み書きを習得し、文章の中で適切に使える。

- 音読みと訓読みとを正しく理解していること
- 送り仮名や仮名遣いに注意して正しく書けること
- 熟語の構成を正しく理解していること
- 熟字訓、当て字を理解していること（硫黄／いおう、相撲／すもう　など）
- 対義語、類義語、同音・同訓異字を正しく理解していること

《四字熟語》 典拠のある四字熟語を理解している（驚天動地、孤立無援　など）。

《部首》 部首を識別し、漢字の構成と意味を理解している。

※ 1951字とは、昭和56年（1981年）10月1日付内閣告示による旧「常用漢字表」の1945字から「勺」「錘」「銑」「脹」「匁」の5字を除いたものに、現行の「常用漢字表」のうち、「茨」「媛」「岡」「熊」「埼」「鹿」「栃」「奈」「梨」「阪」「阜」の11字を加えたものを指す。

2級

程度 すべての常用漢字を理解し、文章の中で適切に使える。

領域・内容

《読むことと書くこと》 すべての常用漢字の読み書きに習熟し、文章の中で適切に使える。

- 音読みと訓読みとを正しく理解していること
- 送り仮名や仮名遣いに注意して正しく書けること
- 熟語の構成を正しく理解していること
- 熟字訓、当て字を理解していること（海女／あま、玄人／くろうと　など）
- 対義語、類義語、同音・同訓異字などを正しく理解していること

《四字熟語》 典拠のある四字熟語を理解している（鶏口牛後、呉越同舟　など）。

《部首》 部首を識別し、漢字の構成と意味を理解している。

準1級

程度 常用漢字を含めて、約3000字の漢字の音・訓を理解し、文章の中で適切に使える。

領域・内容

《読むことと書くこと》 常用漢字の音・訓を含めて、約3000字の漢字の読み書きに慣れ、文章の中で適切に使える。

- 熟字訓、当て字を理解していること
- 対義語、類義語、同音・同訓異字などを理解していること
- 国字を理解していること（峠、凧、畠　など）
- 複数の漢字表記について理解していること（國—国、交叉—交差　など）

《四字熟語・故事・諺》 典拠のある四字熟語、故事成語・諺を正しく理解している。

《古典的文章》 古典的文章の中での漢字・漢語を理解している。

※ 約3000字の漢字は、JIS第一水準を目安とする。

1級

程度 常用漢字を含めて、約6000字の漢字の音・訓を理解し、文章の中で適切に使える。

領域・内容

《読むことと書くこと》 常用漢字の音・訓を含めて、約6000字の漢字の読み書きに慣れ、文章の中で適切に使える。

- 熟字訓、当て字を理解していること
- 対義語、類義語、同音・同訓異字などを理解していること
- 国字を理解していること（怺える、毟る　など）
- 地名・国名などの漢字表記（当て字の一種）を知っていること
- 複数の漢字表記について理解していること（鹽—塩、颱風—台風　など）

《四字熟語・故事・諺》 典拠のある四字熟語、故事成語・諺を正しく理解している。

《古典的文章》 古典的文章の中での漢字・漢語を理解している。

※ 約6000字の漢字は、JIS第一・第二水準を目安とする。

※常用漢字とは、平成22年（2010年）11月30日付内閣告示による「常用漢字表」に示された2136字をいう。

個人受検を申し込まれる皆さまへ

協会ホームページのご案内

検定に関する最新の情報（申込方法やお支払い方法など）は、公益財団法人　日本漢字能力検定協会**ホームページ https://www.kanken.or.jp/** をご確認ください。

なお、下記の二次元コードから、ホームページへ簡単にアクセスできます。

受検規約について

受検を申し込まれる皆さまは、「日本漢字能力検定 受検規約（漢検ＰＢＴ）」の適用があることを同意のうえ、検定の申し込みをしてください。受検規約は協会のホームページでご確認いただけます。

1 受検級を決める

受検資格　制限はありません

実施級　1、準1、2、準2、3、4、5、6、7、8、9、10級

検定会場　全国主要都市約170か所に設置
（実施地区は検定の回ごとに決定）

検定時間　ホームページにてご確認ください。

2 検定に申し込む

インターネットにてお申し込みください。

注意

①家族・友人と同じ会場での受検を希望する方は、検定料のお支払い完了後、申込締切日の2営業日後までに協会（お問い合わせフォーム）までお知らせください。

②障がいがあるなど、身体的・精神的な理由により、受検上の配慮を希望される方は、申込締切日までに協会（お問い合わせフォーム）までご相談ください（申込締切日以降のお申し出には対応できかねます）。

③申込締切日以降は、受検級・受検地を含む内容変更および取り消し・返金は、いかなる場合もできません。また、次回以降の振替え、団体受検や漢検ＣＢＴへの変更もできません。

団体受検の申し込み

自分の学校や企業などの団体で志願者が一定以上集まると、団体単位で受検の申し込みができる「団体受検」という制度もあります。団体受検申込を扱っているかどうかは先生や人事関係の担当者に確認してください。

3 受検票が届く

受検票は検定日の約1週間前から順次お届けします。

注意

①1、準1、2、準2、3級の方は、後日届く受検票に顔写真（タテ4㎝×ヨコ3㎝、6か月以内に撮影、上半身、正面、帽子やマスクは外す）を貼り付け、会場に当日持参してください。
（当日回収・返却不可）

②4級～10級の方は、顔写真は不要です。

4 検定日当日

持ち物　受検票、鉛筆（HB、B、2Bの鉛筆またはシャープペンシル）、消しゴム

※ボールペン、万年筆などの使用は認められません。ルーペ持ち込み可。

注意

①会場への車での来場（送迎を含む）は、交通渋滞の原因や近隣の迷惑になりますので固くお断りします。

②検定開始時刻の15分前を目安に受検教室までお越しください。答案用紙の記入方法などを説明します。

③携帯電話やゲーム、電子辞書などは、電源を切り、かばんにしまってから入場してください。

④検定中は受検票を机の上に置いてください。

⑤答案用紙には、あらかじめ名前や生年月日などが印字されています。

⑥検定日の約5日後に漢検ホームページにて標準解答を公開します。

5 合否の通知

検定日の約40日後に、受検者全員に「検定結果通知」を郵送します。合格者には「合格証書」・「合格証明書」を同封します。

欠席者には検定問題と標準解答をお送りします。

受検票は検定結果が届くまで大切に保管してください。

進学・就職に有利！
合格者全員に合格証明書発行

大学・短大の推薦入試の提出書類に、また就職の際の履歴書に添付してあなたの漢字能力をアピールしてください。合格者全員に、合格証書と共に合格証明書を2枚、無償でお届けいたします。

合格証明書が追加で必要な場合は有償で再発行できます。

申請方法はホームページにてご確認ください。

お問い合わせ窓口

電話番号　フリーコール **0120-509-315**（無料）

（海外からはご利用いただけません。ホームページよりメールでお問い合わせください。）

お問い合わせ時間　月～金　9時00分～17時00分

（祝日・お盆・年末年始を除く）

※公開会場検定日とその前日の土曜は開設

※検定日は9時00分～18時00分

メールフォーム　https://www.kanken.or.jp/kanken/contact/

「漢検」受検の際の注意点

【字の書き方】

問題の答えは楷書で大きくはっきり書きなさい。乱雑な字や続け字、また、行書体や草書体のようにくずした字は採点の対象とはしません。

特に漢字の書き取り問題では、答えの文字は教科書体をもとにして、はねるところ、とめるところなどもはっきり書きましょう。また、画数に注意して、一画一画を正しく、明確に書きなさい。

《例》

○熱　×熱

○言　×言

○糸　×糸

【字種・字体について】

(1)日本漢字能力検定2～10級においては、「常用漢字表」に示された字種で書きなさい。つまり、表外漢字（常用漢字表にない漢字）を用いると、正答とは認められません。

《例》

○交差点　×交叉点　（「叉」が表外漢字）

○寂しい　×淋しい　（「淋」が表外漢字）

(2)日本漢字能力検定2～10級においては、「常用漢字表」に示された字体で書きなさい。なお、「常用漢字表」に参考として示されている康熙《こうき》字典体など、旧字体と呼ばれているものを用いると、正答とは認められません。

《例》

○真　×眞　　○渉　×涉

○飲　×飮　　○迫　×迫

○弱　×弱

(3)一部例外として、平成22年告示「常用漢字表」で追加された字種で、許容字体として認められているものや、その筆写文字と印刷文字との差が習慣の相違に基づくとみなせるものは正答と認めます。

《例》

餌 → 餌　と書いても可

遜 → 遜　と書いても可

葛 → 葛　と書いても可

溺 → 溺　と書いても可

箸 → 箸　と書いても可

注意

(3)において、どの漢字が当てはまるかなど、一字一字については、当協会発行図書（2級対応のもの）掲載の漢字表で確認してください。

公益財団法人 日本漢字能力検定協会

漢検

改訂四版

漢検 漢字学習

ステップ

2級

漢検 公益財団法人 日本漢字能力検定協会

もくじ

本書の使い方

「日本漢字能力検定（漢検）2級」では、全ての常用漢字二一三六字の読み・書き、使い方などが出題の対象となります。本書では、そのうちの一八五字を**漢字表・練習問題**からなる28ステップに分けて学習していきます。

数ステップごとに設けた**力だめし**では、復習と確認が行えます。後半の**弱点発見テスト**では、自分の得意な出題分野と苦手な出題分野を確認しましょう。特に点数の低い分野は、**パワーアップ**で実力の補強をしましょう。巻末の**総まとめ**は審査基準に則した出題形式となっており、模擬試験としてご利用いただけます。

さらに付録として、「級別漢字表」や「常用漢字表 付表」などの資料を掲載しました。

「漢検」の主な出題内容は「日本漢字能力検定審査基準」「日本漢字能力検定採点基準」（いずれも本書巻頭カラーページに掲載）等で確認してください。

一 二 漢字表＋練習問題

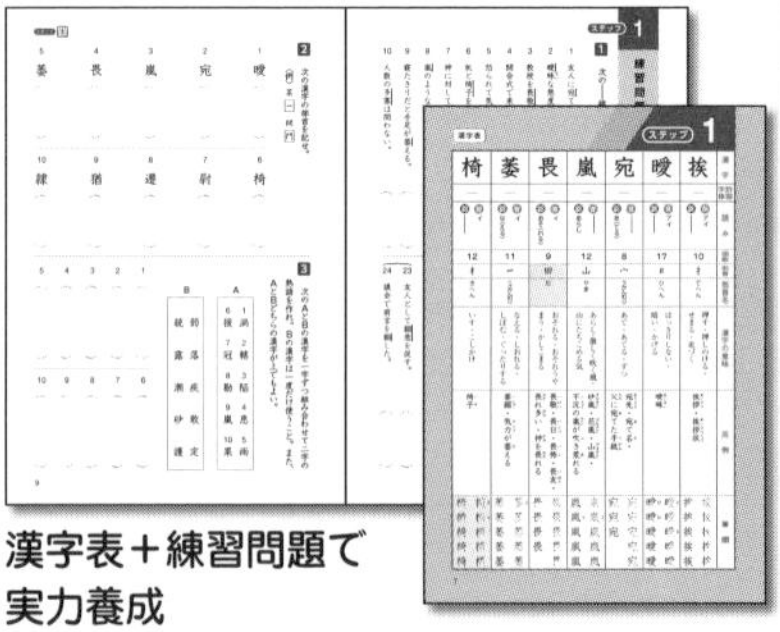

漢字表＋練習問題で実力養成

三 力だめし

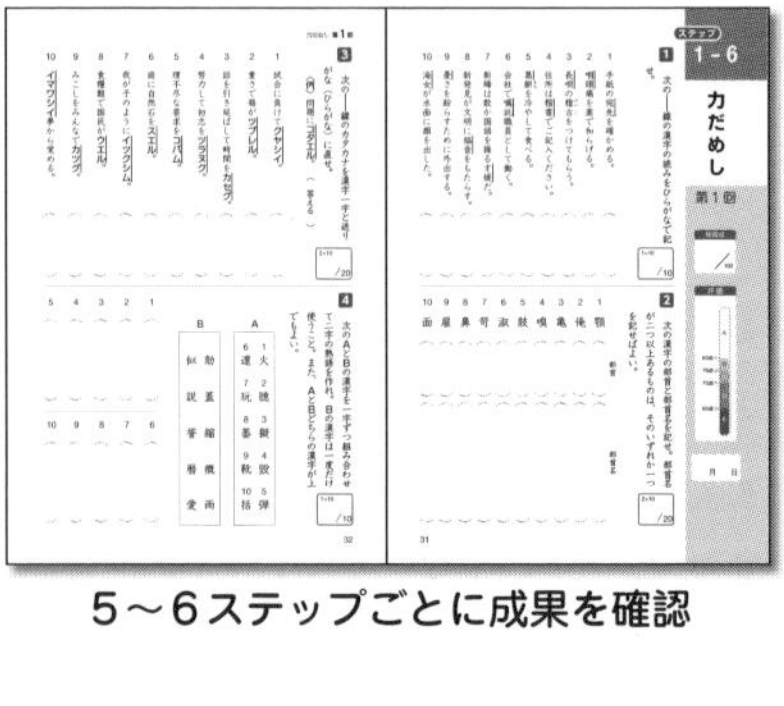

5～6ステップごとに成果を確認

四 五 弱点発見テスト＋パワーアップ

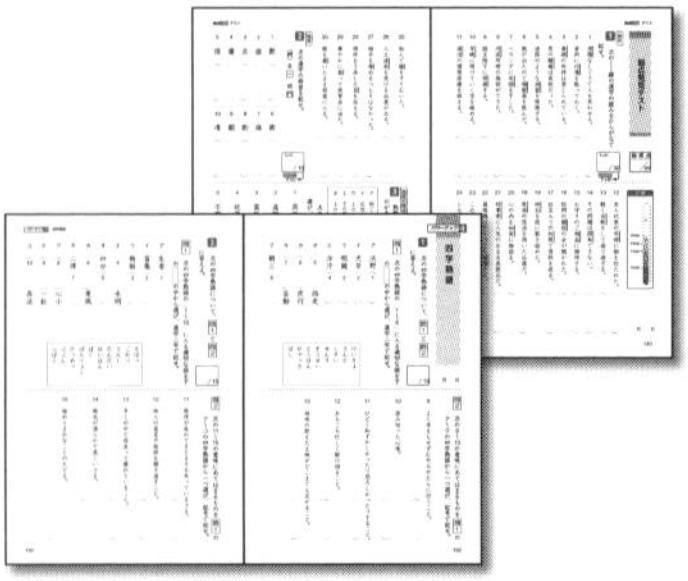

苦手分野の克服

六 総まとめ

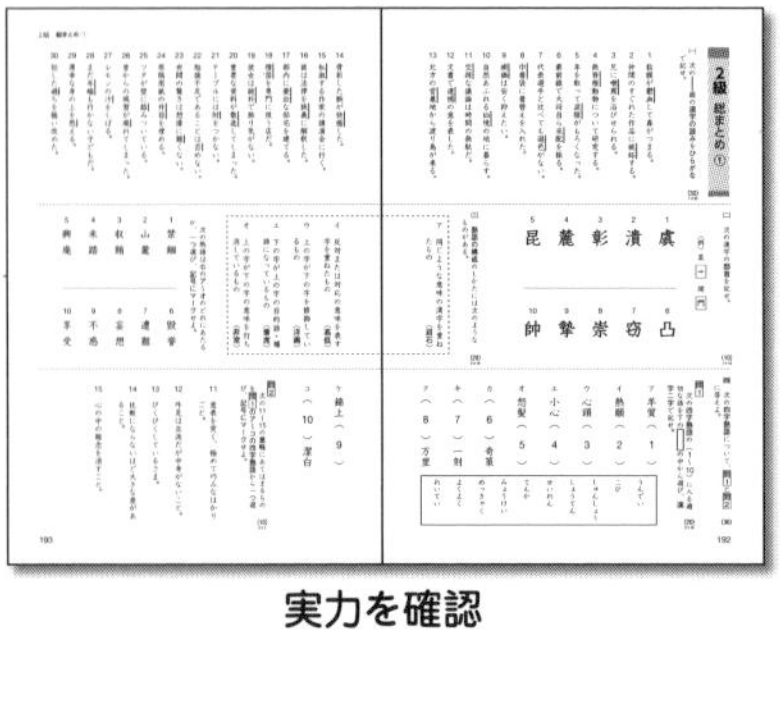

実力を確認

一 漢字表

1ステップで学習する漢字の数は6〜7字です。

漢字表には、それぞれの漢字について覚えておきたい項目が整理されています。漢字表の内容を確認してから、練習問題に進んでください。

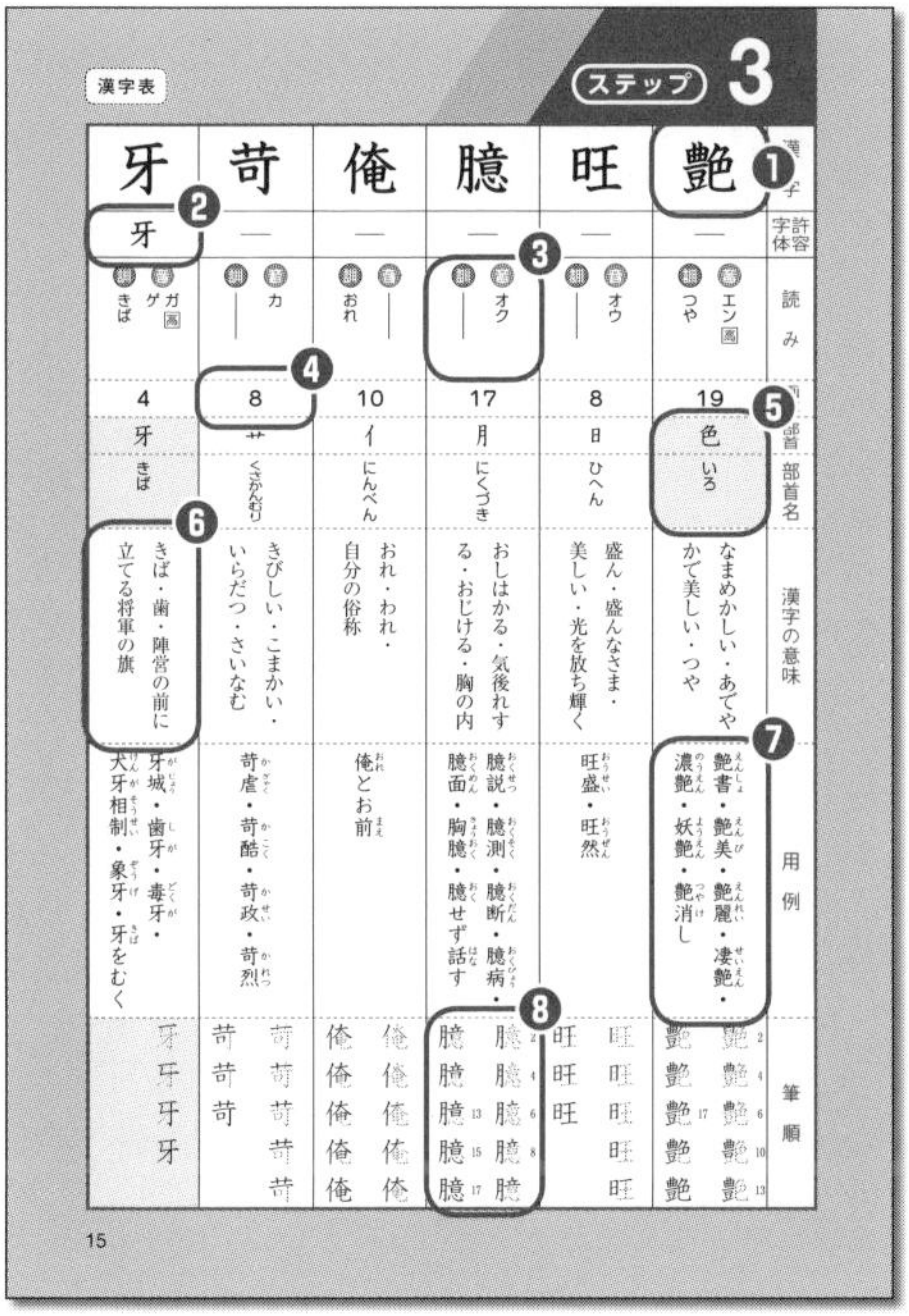

漢字表　ステップ 3

漢字	艶 ❶	旺	臆	俺	苛	牙
許容字体	—	—	—	—	—	牙 ❷
読み	音 エン 高 訓 つや	音 オウ 訓 —	音 オク 訓 — ❸	音 — 訓 おれ	音 カ 訓 —	音 ガ 高 ゲ 訓 きば
画数	19	8	17	10	8 ❹	4
部首	色 ❺	日	月	イ	艹	牙
部首名	いろ	ひへん	にくづき	にんべん	くさかんむり	きば
漢字の意味	なまめかしい・あでやかで美しい・つや	盛ん・盛んなさま・美しい・光を放ち輝く	おしはかる・気後れする・おじける・胸の内	おれ・われ・自分の俗称	きびしい・こまかい・いらだつ・さいなむ	きば・歯・陣営の前に立てる将軍の旗 ❻
用例	艶書《えんしょ》・艶美《えんび》・艶麗《えんれい》・凄艶《せいえん》・濃艶《のうえん》・妖艶《ようえん》・艶消《つやけ》し ❼	旺盛《おうせい》・旺然《おうぜん》	臆説《おくせつ》・臆測《おくそく》・臆断《おくだん》・臆病《おくびょう》・臆面《おくめん》・胸臆《きょうおく》・臆《おく》せず話《はな》す	俺《おれ》とお前《まえ》	苛虐《かぎゃく》・苛酷《かこく》・苛政《かせい》・苛烈《かれつ》	牙城《がじょう》・歯牙《しが》・毒牙《どくが》・犬牙相制《けんがそうせい》・象牙《ぞうげ》・牙《きば》をむく
筆順	2 4 6 10 13 17		2 4 6 8 13 15 17 ❽			

15

❶ **学習漢字**

ここで学習する漢字を教科書体で記してあります。この字形を参考にして略さずていねいに書くよう心がけましょう。

❷ **許容字体**

❶の字体以外に、「漢検」で正答と認められている字体です。

❸ **読み**

音読みはカタカナで、訓読みはひらがなで記載してあります。高は高校で学習する読みです。

❹ **画数**

総画数を示してあります。

❺ **部首・部首名**

「漢検」で採用している部首・部首名です。注意したいものには、色をつけてあります（筆順も同様）。

❻ **意味**

学習漢字の基本的な意味です。漢字の意味を把握することは、用例の意味や同音・同訓異字の使い分け、熟語の構成を学ぶうえで重要です。

❼ **用例**

学習漢字を用いた熟語や文を用例として挙げました。

❽ **筆順**

筆順は10の場面を示しています。途中を省略した場合は、その場面の横に現在何画目なのかを表示しました。

二 練習問題

各ステップの問題は、読み・書き取り問題を中心にさまざまな問題で構成されています。得点記入欄に得点を記録して繰り返し学習してください。

1 読み問題……各ステップで学習する漢字を中心に、音読み・訓読み・特別な読み(熟字訓・当て字)を適宜配分してあります。

4 書き取り問題…同音・同訓異字を含め、用例を幅広く扱っています。

その他、漢字の使い分けや四字熟語の意味を扱ったコラムなども挿入し、学習をサポートします。

三 力だめし

5~6ステップごとに設けてあります。

一〇〇点満点で、自己評価ができますので、小テストとして取り組んでください。

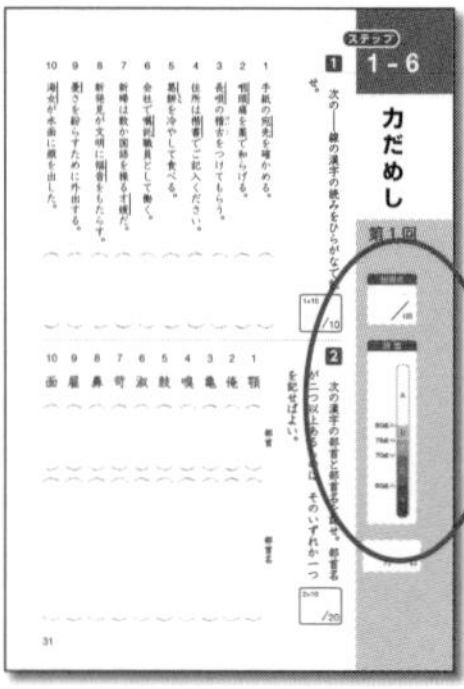

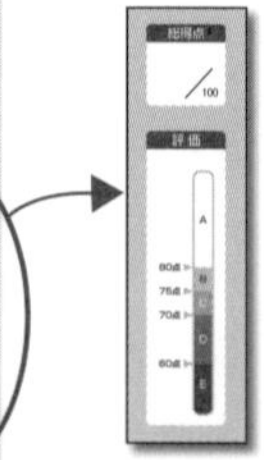

自己評価ができます。

四 五 弱点発見テスト＋パワーアップ

弱点発見テストで苦手な出題分野を確認しましょう。得点の低い出題分野は、出題分野別の練習問題のパワーアップで補強しましょう。

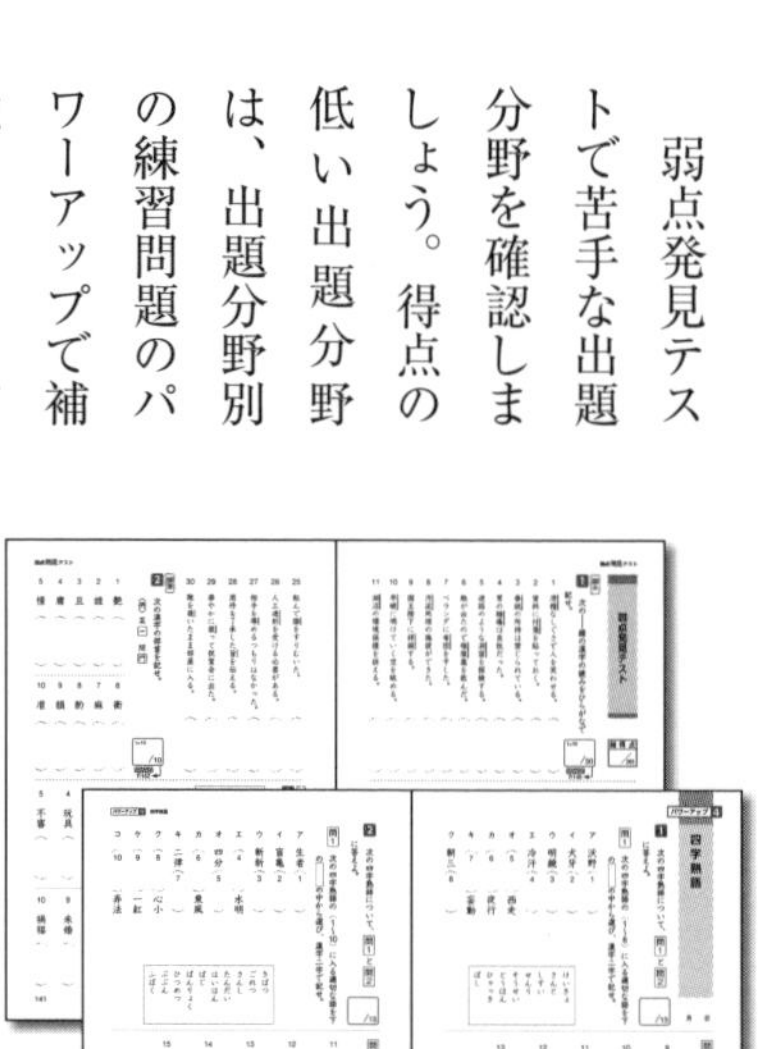

準2級以下の漢字を中心に扱っています。

六 総まとめ

学習がひととおり終わったら、実力の確認にお使いください。

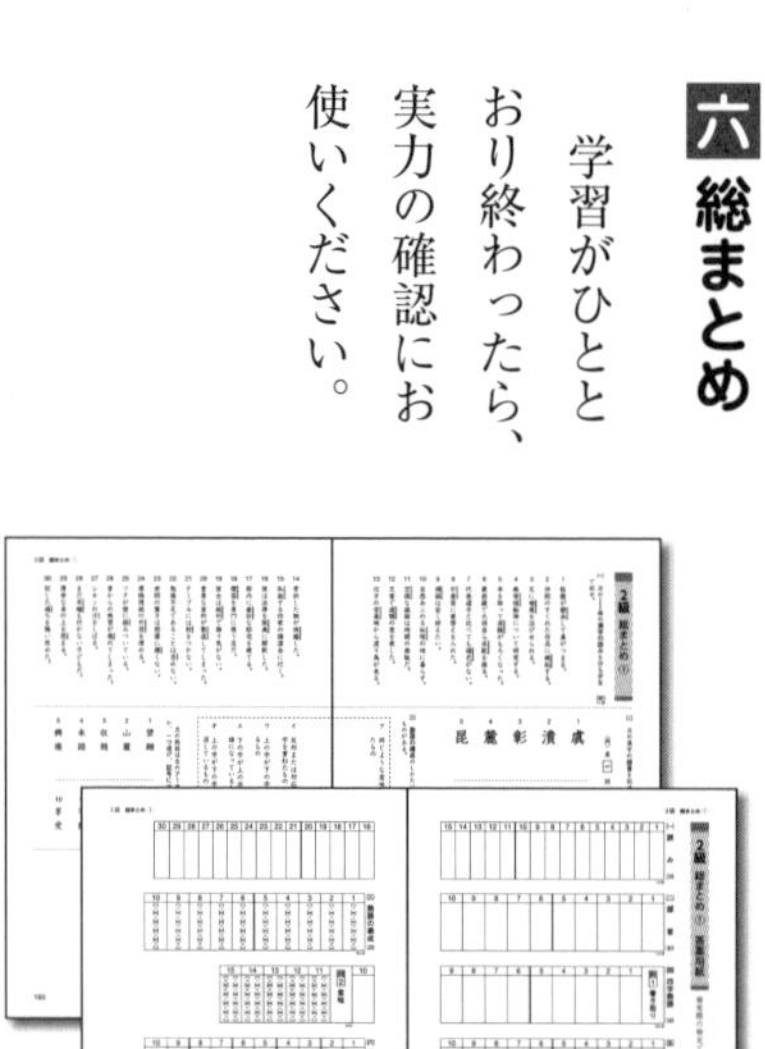

総まとめには答案用紙がついています。

ステップ 1

漢字	許容字体	読み（音）	読み（訓）	画数	部首	部首名	漢字の意味	用例
挨	—	アイ	—	10	扌	てへん	押す・押しのける・せまる・近づく	挨拶《あいさつ》・挨拶状《あいさつじょう》
曖	—	アイ	—	17	日	ひへん	はっきりしない・暗い・かげる	曖昧《あいまい》
宛	—	—	あ(てる)	8	宀	うかんむり	あて・あてる・ずつ	宛先《あてさき》・宛《あ》て名《な》・父《ちち》に宛《あ》てた手紙《てがみ》
嵐	—	—	あらし	12	山	やま	あらし・激しく吹く風・山にたちこめる気	砂嵐《すなあらし》・花嵐《はなあらし》・山嵐《やまあらし》・不況《ふきょう》の嵐《あらし》が吹《ふ》き荒《あ》れる
畏	—	イ	おそ(れる)	9	田	た	おそれる・おそれうやまう・かしこまる	畏敬《いけい》・畏日《いじつ》・畏怖《いふ》・畏友《いゆう》・畏《おそ》れ多《おお》い・神《かみ》を畏《おそ》れる
萎	—	イ	な(える)	11	艹	くさかんむり	なえる・しおれる・しぼむ・ぐったりする	萎縮《いしゅく》・気力《きりょく》が萎《な》える
椅	—	イ	—	12	木	きへん	いす・こしかけ	椅子《いす》

筆順

練習問題

1	／24
2	／10
3	／10
4	／24

月　日

1 次の——線の漢字の読みをひらがなで記せ。

1 友人に宛てて年賀状を書く。（　）
2 曖昧《まい》な態度でごまかした。（　）
3 教授を畏敬のまなざしで見る。（　）
4 開会式で来賓が挨拶《さつ》する。（　）
5 怒られて気持ちが萎縮する。（　）
6 机と椅子をきれいに並べる。（　）
7 神に対して畏れを抱く。（　）
8 嵐のような拍手がわき起こった。（　）
9 寝たきりだと手足が萎える。（　）
10 人数の多寡は問わない。（　）

11 葉が落ちて木が裸になる。（　）
12 役所に婚姻届を提出する。（　）
13 酸いも甘いもかみ分けた人だ。（　）
14 閑雅な風景に心をひかれる。（　）
15 正月にお神酒をいただく。（　）
16 彼は不敵な面構えを見せた。（　）
17 祖父に大声で一喝された。（　）
18 釣れたのは雑魚ばかりだった。（　）
19 芸能人の醜聞が雑誌に載る。（　）
20 醜い争いから目を背ける。（　）
21 強風でヨットが転覆した。（　）
22 決定を覆すことは難しい。（　）
23 友人として翻意を促す。（　）
24 議会で前言を翻した。（　）

2 次の漢字の部首を記せ。

〈例〉 菜 ［艹］ 間 ［門］

1 曖（　　）
2 宛（　　）
3 嵐（　　）
4 畏（　　）
5 萎（　　）
6 椅（　　）
7 尉（　　）
8 遷（　　）
9 猶（　　）
10 隷（　　）

3 次のAとBの漢字を一字ずつ組み合わせて二字の熟語を作れ。Bの漢字は一度だけ使うこと。また、AとBどちらの漢字が上でもよい。

A

1 渦
2 轄
3 陥
4 患
5 雨
6 援
7 冠
8 勘
9 嵐
10 果

B

弱 落 疾 敢 定
統 露 潮 砂 護

1（　　）
2（　　）
3（　　）
4（　　）
5（　　）
6（　　）
7（　　）
8（　　）
9（　　）
10（　　）

4 次の——線のカタカナを漢字に直せ。

1 **イス**に座って順番を待った。
2 記憶が**アイ**味《まい》で思い出せない。
3 大自然に対し**イフ**の念を覚える。
4 昨晩の**アラシ**で庭木が倒れた。
5 **アテサキ**不明で返送されてきた。
6 日照り続きで草花が**ナ**える。
7 級友と**アイ**拶《さつ》を交わす。
8 自分の運の悪さを**ウラ**んだ。
9 取材の申し込みを**キョゼツ**する。
10 料理に使う食材を**ギンミ**する。
11 **コウバイ**部で学用品をそろえる。
12 決勝戦で**シュクン**の一打を放つ。
13 店の前に**チョウダ**の列ができた。
14 正月の飾り物に**マユダマ**を使う。
15 豪雨による**コウズイ**に備える。
16 **サル**も木から落ちる。
17 来日中の王妃に**エッケン**する。
18 それは**エッケン**行為だ。
19 大勢の従業員が**カイコ**された。
20 作家が**カイコ**録を記す。
21 領海を**オカ**した漁船を追う。
22 危険を**オカ**して取材を続けた。
23 事故の被害者を**イタ**む。
24 悲しい話を聞いて心が**イタ**む。

間違えやすい送りがな　畏（おそれる）

Q…「畏」の訓読み「おそれる」の送りがなは?
①畏それる　②畏れる　③畏る

A…②　この場合、「活用のある語は活用語尾を送る」という送りがなの通則に従い、活用語尾の「れる」を送ります。

漢字	許容字体	読み	画数	部首	部首名	漢字の意味	用例
彙	—	音 イ　訓 —	13	⺕	けいがしら	集める・集まる・たぐい	彙報《いほう》・彙類《いるい》・語彙《ごい》
咽	—	音 イン　訓 —	9	口	くちへん	のど・のむ・のみくだす・むせぶ・ふさがる	咽喉《いんこう》・咽頭《いんとう》・咽頭炎《いんとうえん》・咽頭痛《いんとうつう》・耳鼻咽喉科《じびいんこうか》
淫	滛	音 イン　訓 みだ(ら) 高	11	氵	さんずい	あふれる・度を越す・おぼれる・みだら	淫雨《いんう》・淫行《いんこう》・淫欲《いんよく》・淫乱《いんらん》・淫《みだ》らな言動《げんどう》
唄	—	音 —　訓 うた	10	口	くちへん	うた・民謡・俗謡	小唄《こうた》・長唄《ながうた》・端唄《はうた》
鬱	—	音 ウツ　訓 —	29	鬯	ちょう	しげる・ふさぐ・思い悩む	鬱屈《うっくつ》・鬱血《うっけつ》・鬱憤《うっぷん》・陰鬱《いんうつ》・沈鬱《ちんうつ》・憂鬱《ゆううつ》
怨	—	音 エン 高 オン　訓 —	9	心	こころ	うらむ・うらみ・あだ・かたき	怨言《えんげん》・怨恨《えんこん》・私怨《しえん》・宿怨《しゅくえん》・怨親平等《おんしんびょうどう》・怨念《おんねん》・怨霊《おんりょう》

筆順

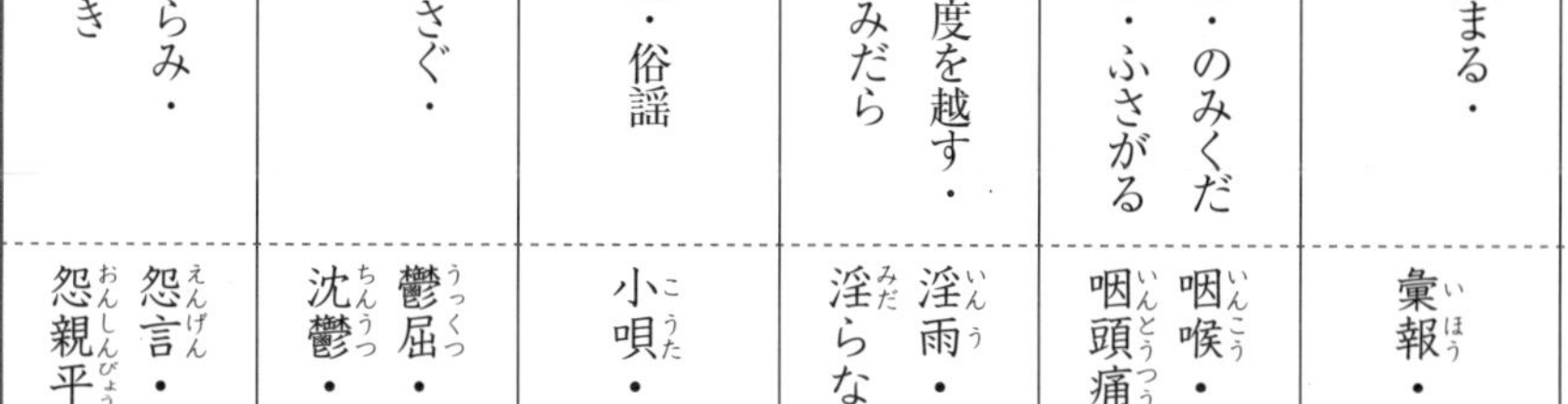

ステップ 2 練習問題

1	／24
2	／10
3	／10
4	／24

月　日

1 次の――線の漢字の読みをひらがなで記せ。

1 その犯行は怨恨によるものだ。（　　）
2 淫欲に負けない心を持つ。（　　）
3 三味線に合わせて小唄をうたう。（　　）
4 語彙の乏しさを指摘される。（　　）
5 吉報で憂鬱な気分が吹き飛んだ。（　　）
6 咽喉《こう》が炎症を起こした。（　　）
7 加害者に対して怨念を抱く。（　　）
8 淫らな言動を改める。（　　）
9 感動的な話を聞いて目が潤む。（　　）
10 時宜を得た政策が求められる。（　　）

11 国家の枠を超えて協力する。（　　）
12 彼は上司に盲従している。（　　）
13 枝を矯めて枝ぶりを整える。（　　）
14 古銭の表面に緑青がふいた。（　　）
15 目上の人に恭しく頭を下げる。（　　）
16 与野党の激しい応酬があった。（　　）
17 赤ちゃんに産湯を使わせる。（　　）
18 玄人はだしの技術だ。（　　）
19 屋上からの眺望を楽しむ。（　　）
20 きれいな星空を眺める。（　　）
21 母の慈悲深いまなざしを感じた。（　　）
22 我が子を心から慈しむ。（　　）
23 土着の神を信仰する。（　　）
24 仰せに従って準備をする。（　　）

2 次の（　）に「イ」と音読みする適切な漢字を入れて熟語を作れ。また、その読みを〈　〉にひらがなで記せ。

1 （　）敬 〈　〉
2 繊（　） 〈　〉
3 （　）頼 〈　〉
4 （　）管 〈　〉
5 （　）圧 〈　〉
6 （　）反 〈　〉
7 （　）人伝 〈　〉
8 （　）度 〈　〉
9 （　）労 〈　〉
10 長（　）子 〈　〉

3 次の漢字の部首を記せ。

〈例〉菜 ［艹］ 間 ［門］

1 我（　）
2 藻（　）
3 淫（　）
4 唄（　）
5 鬱（　）
6 怨（　）
7 翁（　）
8 禍（　）
9 宜（　）
10 囚（　）

4

次の——線のカタカナを漢字に直せ。

1 青少年のインコウを規制する。（　　）
2 読書家でゴイの豊かな人だ。（　　）
3 江戸ナガウタの演奏を聴く。（　　）
4 イントウ炎を治療する。（　　）
5 運動をしてウップンを晴らした。（　　）
6 競争相手にシエンを抱く。（　　）
7 自由自在に物語をツムぐ。（　　）
8 英雄としてスウハイされている。（　　）
9 必勝を心にチカって出発した。（　　）
10 横領でチョウカイ免職になる。（　　）
11 深いドロヌマに足を取られる。（　　）
12 挙動不審でアヤしまれる。（　　）

13 人生についてシサクにふける。（　　）
14 子守歌のようなインリツだ。（　　）
15 臨月のニンプの体調を気遣う。（　　）
16 七九四年、平安京にセントした。（　　）
17 カチュウのくりを拾う。（　　）
18 彼は今、疑惑のカチュウにある。（　　）
19 カブンにして存じません。（　　）
20 カブンなお褒めにあずかる。（　　）
21 ガクフを見て演奏する。（　　）
22 最高ガクフを目指して勉強する。（　　）
23 買ったばかりの靴をハく。（　　）
24 寒いので、ハく息が白い。（　　）

熟語の組み立て方❶

▼同じような意味の漢字を重ねたもの（意味を補い合う）

・物の状態や性質を表す漢字を重ねたもの……例 曖昧《あいまい》・寡少
・動作を表す漢字を重ねたもの…………例 畏怖・逸脱
・物の名を表す漢字を重ねたもの…………例 咽喉《いんこう》・土壌

ステップ 3

漢字	艶	旺	臆	俺	苛	牙
許容字体	—	—	—	—	—	牙
読み	音 エン 高 訓 つや	音 オウ 訓 —	音 オク 訓 —	音 — 訓 おれ	音 カ 訓 —	音 ガ 高 ゲ 訓 きば
画数	19	8	17	10	8	4
部首	色	日	月	亻	艹	牙
部首名	いろ	ひへん	にくづき	にんべん	くさかんむり	きば
漢字の意味	なまめかしい・あでやかで美しい・つや	盛ん・盛んなさま・美しい・光を放ち輝く	おしはかる・気後れする・おじける・胸の内	おれ・われ・自分の俗称	きびしい・こまかい・いらだつ・さいなむ	きば・歯・陣営の前に立てる将軍の旗
用例	艶書《えんしょ》・艶美《えんび》・艶麗《えんれい》・凄艶《せいえん》・濃艶《のうえん》・妖艶《ようえん》・艶消《つやけ》し	旺盛《おうせい》・旺然《おうぜん》	臆説《おくせつ》・臆測《おくそく》・臆断《おくだん》・臆病《おくびょう》・臆面《おくめん》・胸臆《きょうおく》・臆《おく》せず話《はな》す	俺《おれ》とお前《まえ》	苛虐《かぎゃく》・苛酷《かこく》・苛政《かせい》・苛烈《かれつ》	牙城《がじょう》・歯牙《しが》・毒牙《どくが》・犬牙相制《けんがそうせい》・象牙《ぞうげ》・牙《きば》をむく
筆順	艶 2 4 6 10 13 17	旺	臆 2 4 6 8 13 15 17	俺	苛	牙

ステップ 3

練習問題

1	2	3	4
/24	/6	/10	/24

月　日

1 次の――線の漢字の読みをひらがなで記せ。

1 蛇の毒牙を抜く。
2 美人女優が艶然とほほえむ。
3 兄の旺盛な好奇心を見習いたい。
4 臆測でものを言うべきではない。
5 苛烈な戦いを繰り広げた。
6 犬が牙をむき出してうなる。
7 弟の一人称は「俺」だ。
8 外壁に艶消しの仕上げをする。
9 飛行機が右に大きく旋回した。
10 八百長試合の疑いが晴れた。
11 料金はしばらく据え置く方針だ。
12 漁業交渉がやっと妥結した。
13 唇が震えるほど寒かった。
14 恥ずかしくて顔が火照る。
15 築山を配した趣のある庭園だ。
16 観客から一斉に拍手が起こった。
17 なんと麗しい瞳《ひとみ》だろう。
18 荘重な音楽がホールを満たす。
19 甲殻類の研究を続ける。
20 セミの抜け殻を見つけた。
21 風霜に耐えた大木を見上げる。
22 裏庭に霜柱が立っていた。
23 戦争の脅威にさらされる。
24 日常の安全が脅かされる。

2 文の意味に合う漢字をa・bから選び、記号で記せ。

1 会社の金を〔a解体 b拐帯〕して捕まる。（　　）

2 読解には〔a語彙 b語意〕力が不可欠だ。（　　）

3 民衆が領主の〔a苛政 b加勢〕に苦しむ。（　　）

4 原価の上昇を売価に〔a転嫁 b転化〕する。（　　）

5 体制を批判して〔a舌下 b舌禍〕を招く。（　　）

6 感染症の〔a防疫 b貿易〕に万全を期する。（　　）

3 熟語の構成のしかたには次のようなものがある。

ア 同じような意味の漢字を重ねたもの（岩石）
イ 反対または対応の意味を表す字を重ねたもの（高低）
ウ 上の字が下の字を修飾しているもの（洋画）
エ 下の字が上の字の目的語・補語になっているもの（着席）
オ 上の字が下の字の意味を打ち消しているもの（非常）

次の熟語は右のア〜オのどれにあたるか、一つ選び、記号で記せ。

1 弾劾（　　）
2 不肖（　　）
3 往還（　　）
4 象牙（　　）
5 寡少（　　）
6 叙情（　　）
7 脚韻（　　）
8 無尽（　　）
9 点滅（　　）
10 贈賄（　　）

4 次の——線のカタカナを漢字に直せ。

1 彼は**オレ**の友人だ。（　　）
2 他人の忠告を**シガ**にもかけない。（　　）
3 **オクメン**もなく他人を模倣する。（　　）
4 床を磨いて**ツヤ**を出す。（　　）
5 攻撃は**カレツ**を極めた。（　　）
6 愛犬はいつも食欲**オウセイ**だ。（　　）
7 **カジュウ**飲料を好む。（　　）
8 **ケイコウトウ**を取り替える。（　　）
9 街路樹の木陰で**スズ**む。（　　）
10 姉は漢文の**ソヨウ**がある。（　　）
11 **カイキョウ**の念を禁じ得ない。（　　）
12 **ダンチョウ**の思いに耐える。（　　）

13 店の**ルイセキ**赤字に苦慮する。（　　）
14 先輩の影響力は**アナド**りがたい。（　　）
15 多忙で本を読む**ヨユウ**もない。（　　）
16 少女が**ミサキ**から手を振る。（　　）
17 輝かしい**ショウガイ**を送った。（　　）
18 **アラシ**の前の静けさ。（　　）
19 名推理で事件の**カクシン**に迫る。（　　）
20 中盤には勝利を**カクシン**した。（　　）
21 証拠の書類を**オウシュウ**した。（　　）
22 **オウシュウ**に語学留学する。（　　）
23 夏になる前に雑草を**カ**る。（　　）
24 不安に**カ**られて答案を見直す。（　　）

同音で字形の似ている漢字　**オク【臆・憶】**
臆…①おじける　例　臆病　②胸の内　例　胸臆
憶…①おぼえる　例　記憶　②思い出す　例　追憶
「臆」「憶」ともに、おしはかるという意味もあり、この場合はどちらの漢字も使えます。　例　臆測・憶測

漢字	許容字体	読み	画数	部首	部首名	漢字の意味	用例	筆順
瓦	—	音 ガ 高 / 訓 かわら	5	瓦	かわら	かわら・かわらけ	瓦解《がかい》・瓦石《がせき》・陶犬瓦鶏《とうけんがけい》・瓦屋根《かわらやね》・鬼瓦《おにがわら》	瓦 瓦 瓦 瓦 瓦
楷	—	音 カイ / 訓 —	13	木	きへん	カイの木・てほん・書体の一つ	楷書《かいしょ》	2 4 13
潰	—	音 カイ / 訓 つぶ(す) つぶ(れる)	15	氵	さんずい	ついえる・つぶれる・敗れてちりぢりになる	潰走《かいそう》・潰滅《かいめつ》・潰瘍《かいよう》・全潰《ぜんかい》・握《にぎ》り潰《つぶ》す・胸《むね》が潰《つぶ》れる	3 5 11 13
諧	—	音 カイ / 訓 —	16	言	ごんべん	やわらぐ・ととのう・調和する・おどける	諧調《かいちょう》・諧和《かいわ》・俳諧《はいかい》・俳諧師《はいかいし》	4 7 16
崖	—	音 ガイ / 訓 がけ	11	山	やま	がけ・切り立ったところ	崖岸《がいがん》・懸崖《けんがい》・絶崖《ぜつがい》・断崖《だんがい》・断崖絶壁《だんがいぜっぺき》・崖崩《がけくず》れ	3
蓋	—	音 ガイ / 訓 ふた	13	艹	くさかんむり	おおう・かぶせる・かさ・ふた	蓋然《がいぜん》・頭蓋骨《ずがいこつ》《とうがいこつ》・抜山蓋世《ばつざんがいせい》・方底円蓋《ほうていえんがい》・火蓋《ひぶた》	3 12

ステップ 4

練習問題

1	/24
2	/10
3	/5
4	/24

月　日

1 次の――線の漢字の読みをひらがなで記せ。

1 敵の猛襲を受けて潰走する。
2 成績不振でチームが瓦解した。
3 楷書で丁寧に答えを記入する。
4 師匠について俳諧を学ぶ。
5 事故が起きる蓋然性が高い。
6 懸崖を真下から見上げた。
7 瓶の蓋を回して開ける。
8 漫画を読んで時間を潰した。
9 崖崩れを防ぐ工事を行う。
10 瓦屋根の修繕を依頼する。

11 たちまち敵の牙城に迫った。
12 グラスをピカピカに磨く。
13 足音を忍ばせて近寄った。
14 花婿の友人としてスピーチする。
15 財界と政界の癒着が目に余る。
16 人気の銘柄をそろえる。
17 古代の象牙の彫刻が発見された。
18 厄介な問題に巻き込まれる。
19 恒久的な平和を渇望する。
20 わき水でのどの渇きを癒やした。
21 大雨で道路が陥没する。
22 相手の策略にまんまと陥る。
23 ついに堪忍袋の緒が切れた。
24 聞くに堪えないうわさだ。

2 後の［　］の中の語を必ず一度だけ使って漢字に直し、対義語・類義語を記せ。

対義語

1 真実—（　　）
2 一括—（　　）
3 密集—（　　）
4 謙虚—（　　）
5 設置—（　　）

類義語

6 降格—（　　）
7 崇拝—（　　）
8 失望—（　　）
9 歴然—（　　）
10 残念—（　　）

いかん・いけい・きょぎ・けんちょ・げんめつ・させん・そんだい・てっきょ・てんざい・ぶんかつ

3 次の（　）に「ガイ」と音読みする適切な漢字を入れて四字熟語を作れ。また、その意味をア～オから選び、記号で記せ。

1 断（　　）絶壁〈　　〉
2 抜山（　　）世〈　　〉
3 内憂（　　）患〈　　〉
4 天（　　）孤独〈　　〉
5 要（　　）堅固〈　　〉

意味

ア 険しく切り立ったがけ。
イ 国内や国外の心配事。
ウ 備えのかたいこと。
エ 非常に気力があること。
オ 身寄りがなくひとりぼっちであること。

4

次の――線のカタカナを漢字に直せ。

1 特徴的な**カイチョウ**を持つ曲だ。
2 悲惨な光景を見て胸が**ツブ**れる。
3 **カイショ**で漢字を練習する。
4 強風で**カワラ**が飛ばされた。
5 **ズガイコツ**は脳を保護している。
6 訓練をして険しい**ガケ**を登る。
7 国王が家臣の**ジュンシ**を禁ずる。
8 募金で建設費用を**マカナ**う。
9 目が**ジュウケツ**して赤くなる。
10 道路わきの**ミゾ**を掃除した。
11 同人誌を**シュサイ**している。
12 初代会長の**セイキョ**を悼む。

13 事実を**ゲンシュク**に受け止める。
14 肉団子を**アマズ**で味付けした。
15 **ウルシ**の木にかぶれる人は多い。
16 心臓に**シッカン**がある。
17 制度の**コンカン**に関わる問題だ。
18 看板に**イツワ**りなし。
19 生徒全員に注意を**カンキ**する。
20 台所の**カンキ**扇を回した。
21 氷が**ユウカイ**して水になる。
22 児童の**ユウカイ**事件を防ぐ。
23 展示物に**サワ**ってはいけない。
24 当たり**サワ**りのない話をした。

抜山蓋世（ばつざんがいせい）
【意味】非常に威勢がよいこと、勇ましく元気なこと
「抜山」は「山を引き抜く」、「蓋世」は「世をおおう」という意味で、山を引き抜くほどの力と世をおおうほどの気力を表します。「蓋世」を「慨世」と書き間違えないようにしましょう。

ステップ 5

漢字	許容字体	読み（音）	読み（訓）	画数	部首	部首名	漢字の意味	用例	筆順
骸	—	ガイ	—	16	骨	ほねへん	骨・がいこつ・からだ・むくろ	骸骨《がいこつ》・遺骸《いがい》・形骸化《けいがいか》・残骸《ざんがい》・死骸《しがい》・土木形骸《どぼくけいがい》	
柿	—	—	かき	9	木	きへん	果物のカキ・カキの木	柿色《かきいろ》・柿渋《かきしぶ》・渋柿《しぶがき》・干《ほ》し柿《がき》	
顎	—	ガク	あご	18	頁	おおがい	あご	顎関節《がくかんせつ》・下顎《かがく》《したあご》・上顎《じょうがく》《うわあご》・顎《あご》を出《だ》す・顎《あご》で使《つか》う	
葛	葛	カツ	くず 高	12	艹	くさかんむり	マメ科のクズ・クズで作った布	葛根湯《かっこんとう》・葛藤《かっとう》・葛《くず》きり・葛粉《くずこ》・葛餅《くずもち》・葛湯《くずゆ》	
釜	—	—	かま	10	金	かね	かま・食べ物を煮炊きする道具	釜飯《かまめし》・茶釜《ちゃがま》・鍋釜《なべかま》	
鎌	—	—	かま	18	金	かねへん	かま・草を刈る農具	鎌首《かまくび》・鎌倉時代《かまくらじだい》・草刈《くさか》り鎌《がま》・鎌《かま》をかける	
韓	—	カン	—	18	韋	なめしがわ	中国、戦国時代の国名・大韓民国	韓国《かんこく》・韓国語《かんこくご》・三韓《さんかん》・日韓《にっかん》	

練習問題

1	／24
2	／10
3	／10
4	／24

月　日

1 次の――線の漢字の読みをひらがなで記せ。

1 創立理念は形骸化している。
2 少年が葛藤《とう》を通して成長する。
3 夏休みに友人と韓国に行く。
4 庭にまいた柿の種が芽を出した。
5 釜で炊いたご飯を食べる。
6 姉が顎関節症を発症した。
7 蛇が鎌首をもたげる。
8 葛の粉を料理に使う。
9 険しい上り坂が続き、顎を出す。
10 夫婦で辛酸を共にする。
11 他人の手を煩わすまでもない。
12 大尉の指示に部下が従う。
13 石けんの泡を水で流す。
14 栄えある一位を勝ち取る。
15 暑さから逃れて木陰で涼む。
16 警告が累積すると失格になる。
17 宮内庁が皇室関係の事務を行う。
18 かつて紡績で栄えた地域だ。
19 窮余の一策で何とか切り抜けた。
20 窮まりない宇宙に思いをはせる。
21 高速道路の混雑が緩和された。
22 緩やかなカーブが続く。
23 因循な社会に反発する。
24 目標達成は彼女の努力に因る。

2 次の各文にまちがって使われている同じ読みの漢字が一字ある。上に誤字を、下に正しい漢字を記せ。

誤　正

1 この周辺は関静な住宅街だ。（　）（　）
2 戦死者の遺該を墓地に埋葬した。（　）（　）
3 領土の返環を強く希望する。（　）（　）
4 海辺できれいな貝柄を拾う。（　）（　）
5 絵を描いた色紙に落陥を押す。（　）（　）
6 ひよこの雌雄を看別する。（　）（　）
7 景気が浮揚する崖然性は低い。（　）（　）
8 祖母が作る干し垣はとても甘い。（　）（　）
9 災害の惨過を知り言葉を失う。（　）（　）
10 武芸の達人に畏符を感じる。（　）（　）

3 次の（　）に「ガ」「ガイ」と音読みする適切な漢字を入れて熟語を作れ。また、その読みを〈　〉にひらがなで記せ。

ガ

1 （　）城〈　〉
2 飢（　）〈　〉
3 （　）解〈　〉
4 優（　）〈　〉

ガイ

5 気（　）〈　〉
6 死（　）〈　〉
7 （　）当〈　〉
8 断（　）〈　〉
9 境（　）〈　〉
10 円（　）〈　〉

4 次の――線のカタカナを漢字に直せ。

1 本心を知ろうと**カマ**をかける。（　　）
2 大学で**カンコク**語を学びたい。（　　）
3 **シブガキ**の皮をむいて干す。（　　）
4 **アゴ**が落ちるほどおいしい。（　　）
5 **カマ**の湯が煮えたぎる。（　　）
6 **ガイコツ**は死を象徴している。（　　）
7 **クズ**は秋の七草の一つだ。（　　）
8 **グチ**を言う暇がないほど忙しい。（　　）
9 彼の意見には**シュコウ**しがたい。（　　）
10 **ジュウナン**な姿勢が評価される。（　　）
11 相手のチームを**テイサツ**する。（　　）
12 恥を**シノ**んで悩みを打ち明ける。（　　）

13 不当な処分の**テッカイ**を求めた。（　　）
14 記念に万年筆を**シンテイ**する。（　　）
15 仏門に入り**アマ**として生きる。（　　）
16 洋服の流行が**スタ**れるのは早い。（　　）
17 上京して幾**セイソウ**を重ねた。（　　）
18 **ツ**り銭を財布にしまった。（　　）
19 部下の失敗に**カンヨウ**だ。（　　）
20 **カンヨウ**句を適切に使う。（　　）
21 生きる権利を**キョウユウ**する。（　　）
22 夫婦で財産を**キョウユウ**する。（　　）
23 運動した後はのどが**カワ**く。（　　）
24 洗った服がすっかり**カワ**いた。（　　）

誤字訂正問題の解法のポイント

文中の誤字を探すのは、漢字を正しく書くより、かえって難しいことがあります。ポイントは、字義に注意して、同音・同訓異字を識別することです。特に、同音で字形が似ている漢字については、字義を確認しておきましょう。

ステップ 6

漢字	許容字体	読み（音）	読み（訓）	画数	部首	部首名	漢字の意味	用例	筆順
玩	—	ガン	—	8	王	おうへん たまへん	もてあそぶ・めでる・深く味わう	玩具《がんぐ》・玩読《がんどく》・玩物喪志《がんぶつそうし》・玩弄《がんろう》・愛玩《あいがん》・熟読玩味《じゅくどくがんみ》	
伎	—	キ	—	6	亻	にんべん	技巧・腕前・たくみ・芸能にたずさわる人	歌舞伎《かぶき》	
亀	—	キ	かめ	11	亀	かめ	カメ・カメの甲羅・ひび	亀鑑《きかん》・亀裂《きれつ》・盲亀浮木《もうきふぼく》・海亀《うみがめ》・鶴亀算《つるかめざん》	4
毀	—	キ	—	13	殳	るまた ほこづくり	やぶる・こわれる・けなす・傷つく	毀壊《きかい》・毀棄《きき》・毀損《きそん》・毀誉《きよ》・破毀《はき》	2 11 13
畿	—	キ	—	15	田	た	みやこ・首都	畿内《きない》・近畿《きんき》	3 6 9
臼	—	キュウ	うす	6	臼	うす	うす・穀物をつく道具・うすの形をしたもの	臼歯《きゅうし》・脱臼《だっきゅう》・石臼《いしうす》	
嗅	嗅	キュウ	か(ぐ)	13	口	くちへん	においをかぐ・さぐる	嗅覚《きゅうかく》・嗅《か》ぎ当《あ》てる・匂《にお》いを嗅《か》ぐ	3 5

ステップ 6

練習問題

1	/24
2	/10
3	/10
4	/24

月　日

1 次の――線の漢字の読みをひらがなで記せ。

1 犬は嗅覚が発達している。
2 名誉を毀損した相手を訴える。
3 落馬して肩を脱臼する。
4 亀裂の入った柱を補強する。
5 近畿地方の天気は雨の予報だ。
6 歌舞伎役者として大成する。
7 我が家では猫を愛玩している。
8 水車で石臼を回し、小麦をひく。
9 香水の種類を嗅ぎ分ける。
10 亀は長寿で縁起がよいそうだ。
11 空に向かって威嚇射撃をする。
12 庭の雑草を刈り取る。
13 碁盤の目のような町並みだ。
14 書類の提出をかたくなに拒んだ。
15 パイナップルの缶詰を開けた。
16 無駄な出費を抑える。
17 恩師に自著を謹呈する。
18 犯人逃亡の虞がある。
19 海藻が入ったサラダを食べる。
20 水底に青黒い藻が生えている。
21 話の真偽を確かめる。
22 偽の手がかりに惑わされる。
23 中小企業の利点を生かす。
24 仲間でいたずらを企てる。

2 次の――線のカタカナを漢字一字と送りがな（ひらがな）に直せ。

〈例〉問題にコタエル。（答える）

1 カロウジテ時間内に解き終わる。（　）
2 事故の損害をツグナウ。（　）
3 恩師をイタミ、思い出に浸る。（　）
4 姉のトツギ先を訪ねる。（　）
5 猛攻の末に城をオトシイレル。（　）
6 店内にナツカシイ歌が流れた。（　）
7 倒木が行く手をハバム。（　）
8 額から汗がシタタル。（　）
9 当たってクダケロと励まされる。（　）
10 自らをイヤシメル必要はない。（　）

3 次の四字熟語の（　）に入る適切な語を後の［　］の中から選び、漢字に直して記せ。

1 合従（　）
2 （　）休題
3 （　）一菜
4 （　）喪志
5 吉凶（　）
6 困苦（　）
7 （　）絶佳
8 温厚（　）
9 （　）同舟
10 精進（　）

いちじゅう・かふく・がんぶつ・かんわ・きゅうぼう・けっさい・ごえつ・ちょうぼう・とくじつ・れんこう

4 次の——線のカタカナを漢字に直せ。

1 **カブキ**は無形文化遺産だ。

2 胸いっぱいに花の香りを**カ**いだ。

3 都やその周辺の地を**キナイ**と呼ぶ。

4 **カメ**をペットとして飼育する。

5 事故で肩を**ダッキュウ**する。

6 子どもに**ガング**を買う。

7 公文書**キキ**容疑で逮捕される。

8 **ホタル**が川辺で光っている。

9 父は最近写真に**コ**っている。

10 綿を**コンボウ**した布を使う。

11 足の傷はすっかり**チユ**した。

12 大規模な牧場で**ラクノウ**を営む。

13 **ヤナギ**に風と受け流す。

14 髪の毛を触る**クセ**がある。

15 各地の民謡を**サイフ**して歩く。

16 **アワ**を食って逃げ出した。

17 教会の**カネ**の音が町に響く。

18 **リンリ**に反する行為だ。

19 即時回答を**キョヒ**した。

20 ビルの建設に**キョヒ**を投じた。

21 汚職を厳しく**キュウダン**する。

22 投手が**キュウダン**を移籍した。

23 春になると桜の花が**サ**く。

24 特集記事に紙面を**サ**く。

熟語の組み立て方❷

▼反対または対応の意味を表す漢字を組み合わせたもの

・物の状態や性質を表す漢字を組み合わせたもの…例 寛厳・巧拙

・動作を表す漢字を組み合わせたもの…………例 毀誉・隠顕

・物の名を表す漢字を組み合わせたもの…………例 彼我・功罪

ステップ 1－6

力だめし

第1回

総得点 ／100

評価

A
80点 B
75点 C
70点 D
60点 E

月 日

1 次の——線の漢字の読みをひらがなで記せ。

1×10 ／10

1 手紙の宛先を確かめる。（　）
2 咽頭痛を薬で和らげる。（　）
3 長唄の稽古《けいこ》をつけてもらう。（　）
4 住所は楷書でご記入ください。（　）
5 葛餅《もち》を冷やして食べる。（　）
6 会社で嘱託職員として働く。（　）
7 新婦は数か国語を操る才媛だ。（　）
8 新発見が文明に福音をもたらす。（　）
9 憂さを紛らすために外出する。（　）
10 海女が水面に顔を出した。（　）

---

2 次の漢字の部首と部首名を記せ。部首名が二つ以上あるものは、そのいずれか一つを記せばよい。

2×10 ／20

	漢字	部首	部首名
1	顎	（　）	（　）
2	俺	（　）	（　）
3	亀	（　）	（　）
4	嗅	（　）	（　）
5	鼓	（　）	（　）
6	淑	（　）	（　）
7	苛	（　）	（　）
8	鼻	（　）	（　）
9	扉	（　）	（　）
10	面	（　）	（　）

3 次の——線のカタカナを漢字一字と送りがな（ひらがな）に直せ。

〈例〉 問題にコタエル。（答える）

2×10 ／20

1 試合に負けてクヤシイ。（　）
2 重さで箱がツブレル。（　）
3 話を引き延ばして時間をカセグ。（　）
4 努力して初志をツラヌク。（　）
5 理不尽な要求をコバム。（　）
6 庭に自然石をスエル。（　）
7 我が子のようにイツクシム。（　）
8 食糧難で国民がウエル。（　）
9 みこしをみんなでカツグ。（　）
10 イマワシイ夢から覚める。（　）

4 次のAとBの漢字を一字ずつ組み合わせて二字の熟語を作れ。Bの漢字は一度だけ使うこと。また、AとBどちらの漢字が上でもよい。

1×10 ／10

A

1 火
2 臆
3 擬
4 毀
5 弾
6 還
7 玩
8 萎
9 靴
10 括

B

劾　蓋　縮　概　雨
似　説　誉　暦　愛

1（　）
2（　）
3（　）
4（　）
5（　）
6（　）
7（　）
8（　）
9（　）
10（　）

5 次の各文にまちがって使われている同じ読みの漢字が一字ある。上に誤字を、下に正しい漢字を記せ。

2×5 /10

誤 正

1 学校行事の古典鑑賞会で初めて歌舞岐を見て、きらびやかな衣装に目を奪われた。（ ）（ ）

2 医療の発展に尽力された方が亡くなり、お別れの会で参列者が並んで遺花した。（ ）（ ）

3 柔軟で、且つ鋭い胴察力を兼ね備えた優秀な人材を随時募集している。（ ）（ ）

4 試合においては、日ごろの鍛錬の成果を存分に発揮することが韓要だ。（ ）（ ）

5 故郷は水産業が盛んだったが、乱獲により魚などの資源が枯滑し始めている。（ ）（ ）

6 後の［ ］の中の語を必ず一度だけ使って漢字に直し、対義語・類義語を記せ。

1×10 /10

対義語

1 極端―（ ）

2 反逆―（ ）

3 軽侮―（ ）

4 狭量―（ ）

5 多弁―（ ）

類義語

6 重病―（ ）

7 来歴―（ ）

8 熟知―（ ）

9 脅迫―（ ）

10 昼寝―（ ）

いかく・いふ・かもく・かんよう・きょうじゅん・ごすい・たいかん・ちゅうよう・つうぎょう・ゆいしょ

7 次の四字熟語について、問1と問2に答えよ。

1×10 /10

問1 次の四字熟語の（　）に入る適切な語を後の□の中から選び、漢字二字で記せ。

ア （1）瓦鶏
イ 情状（2）
ウ （3）充棟
エ （4）一声
オ （5）有閑
カ 無味（6）

かんぎゅう・しゃくりょう・だいかつ・とうけん・ぼうちゅう・むしゅう

問2 次の7〜10の意味にあてはまるものを問1のア〜カの四字熟語から一つ選び、記号で記せ。

7 格好ばかりで役に立たないもののたとえ。（　）
8 いそがしい中にも一息つく時間があること。（　）
9 蔵書が非常に多いことのたとえ。（　）
10 事情を考慮し刑を軽くすること。（　）

8 次の――線のカタカナを漢字に直せ。

1×10 /10

1 激しい**スナアラシ**に遭遇する。（　）
2 **ゾウゲ**の印鑑を好んで使う。（　）
3 松尾芭蕉《ばしょう》は**ハイカイ**師である。（　）
4 目もくらむような**ダンガイ**だ。（　）
5 **ソウゼツ**な試合を繰り広げた。（　）
6 枝もたわわに**カキ**が実った。（　）
7 解体後の**ザンガイ**が散らばる。（　）
8 生徒たちが教師を**シタ**う。（　）
9 積み上げた本の山が**クズ**れた。（　）
10 ギターで古い曲を**カナ**でる。（　）

漢字	許容字体	読み	画数	部首	部首名	漢字の意味	用例	筆順
巾	—	音 キン 訓 —	3	巾	はば	ぬのきれ・てぬぐい・おおい・かぶりもの	巾着《きんちゃく》・頭巾《ずきん》・雑巾《ぞうきん》・茶巾《ちゃきん》・布巾《ふきん》	巾 巾 巾
僅	僅	音 キン 訓 わず(か)	13	亻	にんべん	わずか・ほんの少し	僅差《きんさ》・僅少《きんしょう》・残《のこ》り僅《わず》か	僅 2 僅 僅 5 僅 僅 8 僅 僅 僅 僅 僅
錦	—	音 キン 訓 にしき	16	金	かねへん	にしき・あや織物・にしきのように美しい	錦衣玉食《きんいぎょくしょく》・錦秋《きんしゅう》・錦上添花《きんじょうてんか》・錦絵《にしきえ》	錦 2 錦 4 錦 錦 8 錦 10 錦 錦 13 錦 錦 錦
惧	惧	音 グ 訓 —	11	忄	りっしんべん	おそれる・おどろく	危惧《きぐ》	惧 2 惧 惧 惧 惧 惧 惧 惧 惧 惧
串	—	音 — 訓 くし	7	丨	ぼう たてぼう	くし・つらぬく・うがつ	串刺《くしざ》し・串団子《くしだんご》・串焼《くしや》き・竹串《たけぐし》・玉串《たまぐし》	串 串 串 串 串 串 串
窟	—	音 クツ 訓 —	13	穴	あなかんむり	ほらあな・あな・人の集まる所・すみか	岩窟《がんくつ》・山窟《さんくつ》・石窟《せっくつ》・巣窟《そうくつ》・洞窟《どうくつ》・魔窟《まくつ》	窟 3 窟 窟 窟 窟 窟 窟 窟 窟 窟 13

ステップ 7

練習問題

1	/24
2	/10
3	/10
4	/24

月　日

1 次の――線の漢字の読みをひらがなで記せ。

1 決勝戦は僅差で競り勝った。（　）
2 テロ組織の巣窟を一掃する。（　）
3 新政権の前途を危惧する。（　）
4 避難訓練で防災頭巾をかぶった。（　）
5 錦秋の候、お元気でしょうか。（　）
6 肉や野菜を串焼きにして食べる。（　）
7 美しい錦絵を鑑賞する。（　）
8 僅かな手がかりを元に推理する。（　）
9 話の接ぎ穂に困って黙り込む。（　）
10 繭は生糸の原料になる。（　）

11 問題を迅速に処理する。（　）
12 塩分の摂取量を減らす。（　）
13 かみそりの刃を替える。（　）
14 睡魔に襲われてつい居眠りする。（　）
15 蛇がとぐろを巻いていた。（　）
16 古い体制が弊害をもたらした。（　）
17 将来を見据えて行動する。（　）
18 彼は友人に唆されたのだろう。（　）
19 兄は文学に通暁している。（　）
20 暁の空に月が残っていた。（　）
21 薫風の季節が訪れる。（　）
22 風薫る五月になった。（　）
23 物語に残虐な王が登場する。（　）
24 非道な独裁者が国民を虐げる。（　）

2 次のAとBの漢字を一字ずつ組み合わせて二字の熟語を作れ。Bの漢字は一度だけ使うこと。また、AとBどちらの漢字が上でもよい。

A

1 陰
2 享
3 絶
4 苦
5 義
6 岩
7 真
8 隅
9 匿
10 苛

B

吟 偽 有 酷 原
辺 窟 鬱 拒 隠

1（　）
2（　）
3（　）
4（　）
5（　）
6（　）
7（　）
8（　）
9（　）
10（　）

3 次の（　）に「キュウ」「キン」と音読みする適切な漢字を入れて熟語を作れ。また、その読みを〈　〉にひらがなで記せ。

キュウ

1（　）歯〈　〉
2（　）命〈　〉
3（　）覚〈　〉
4（　）屈〈　〉

キン

5 開（　）〈　〉
6（　）衡〈　〉
7（　）急〈　〉
8 殺（　）〈　〉
9 布（　）〈　〉
10（　）慎〈　〉

4 次の――線のカタカナを漢字に直せ。

1 残席数は**キンショウ**となった。
2 おでんの**クシ**を手に取る。
3 **ドウクツ**の中を探検する。
4 絶滅**キグ**種の保護に尽力する。
5 廊下に**ゾウキン**がけをする。
6 **ウネ**に野菜の種をまく。
7 折り畳みの**カサ**を持ち歩く。
8 師匠が弟子を**イッカツ**する。
9 標識に**ケイコウ**塗料を使う。
10 彼の実力は**ケッシュツ**している。
11 西の空に**ヨイ**の明星が見えた。
12 叔父は**ゴフク**店を経営している。

13 これは**グウハツ**的な事故だ。
14 **アンカン**とはできない状況だ。
15 故郷へ**ニシキ**を飾る。
16 勝ってかぶとの**オ**を締めよ。
17 角を**タ**めて牛を殺す。
18 柔よく**ゴウ**を制す。
19 大国の**キョウイ**におびえる。
20 身体測定で**キョウイ**を測る。
21 例を**ア**げて説明する。
22 油で小魚を**ア**げて食べた。
23 今日の父は**キゲン**がいい。
24 **キゲン**前の歴史を学ぶ。

時候の挨拶《あいさつ》【錦秋の候】

手紙文では季節に合わせた時候の挨拶を書くことが礼儀とされています。「錦秋」は、紅葉が錦の織物のように美しくなる秋を意味し、十月から十一月の初めごろにかけて使われます。この時期に使える時候の挨拶には、ほかに「清秋の候」「菊花の候」「秋冷の候」などがあります。

ステップ 8

漢字	許容字体	読み	画数	部首	部首名	漢字の意味	用例	筆順
詣	—	音 ケイ 高 訓 もう(でる)	13	言	ごんべん	いたる・到達する・もうでる・神社に参る	詣拝《けいはい》・参詣《さんけい》・造詣《ぞうけい》・初詣《はつもうで》・神社《じんじゃ》に詣《もう》でる	詣2 詣4 詣 詣 詣 詣 詣 詣 詣 詣13
憬	—	音 ケイ 訓 —	15	忄	りっしんべん	あこがれる・さとる・気がつく	憧憬《しょうけい》《どうけい》	憬2 憬 憬5 憬7 憬 憬 憬 憬12 憬 憬15
稽	稽	音 ケイ 訓 —	15	禾	のぎへん	比べて考える・とどこおる・ぬかずく	稽古《けいこ》・荒唐無稽《こうとうむけい》・滑稽《こっけい》	稽5 稽 稽 稽 稽 稽 稽 稽 稽 稽15
隙	—	音 ゲキ 高 訓 すき	13	阝	こざとへん	すき・すきま・ひま・間・仲たがい	間隙《かんげき》・空隙《くうげき》・寸隙《すんげき》・隙間《すきま》・隙《すき》がない	隙 隙 隙 隙 隙6 隙8 隙 隙 隙 隙13
桁	—	音 — 訓 けた	10	木	きへん	横木をかけ渡したもの・数の位どり	桁違《けたちが》い・桁外《けたはず》れ・井桁《いげた》・橋桁《はしげた》	桁 桁 桁 桁 桁 桁 桁 桁 桁 桁
拳	—	音 ケン 訓 こぶし	10	手	て	こぶし・手指の形で勝負する遊戯	拳銃《けんじゅう》・拳闘《けんとう》・拳法《けんぽう》・鉄拳《てっけん》・徒手空拳《としゅくうけん》・握《にぎ》り拳《こぶし》	拳 拳 拳 拳 拳 拳 拳 拳 拳 拳
鍵	—	音 ケン 訓 かぎ	17	釒	かねへん	かぎ・手がかり・ピアノなどの指で押す部分	鍵盤《けんばん》・黒鍵《こっけん》・鍵穴《かぎあな》・合鍵《あいかぎ》・鍵《かぎ》を掛《か》ける	鍵4 鍵 鍵8 鍵 鍵11 鍵13 鍵 鍵 鍵 鍵

ステップ 8

練習問題

1	2	3	4
/24	/10	/10	/24

月　日

1 次の――線の漢字の読みをひらがなで記せ。

1 遠方の寺社に参詣する。（　）
2 鍵盤ハーモニカを演奏した。（　）
3 彼の足の速さは桁が違う。（　）
4 熱心に書道の稽古をする。（　）
5 怒りの鉄拳をたたき込む。（　）
6 雑踏の間隙を縫うように進む。（　）
7 憧《しょう》憬の街パリに留学する。（　）
8 防犯のため二か所に鍵を掛ける。（　）
9 握り拳を天に向かって突き出す。（　）
10 窓の隙間から風が入ってきた。（　）
11 冬には水道管が凍る。（　）
12 冷徹な目で事態を観察する。（　）
13 彼の提案は物議を醸した。（　）
14 自由な境涯を楽しむ。（　）
15 法案を一時棚上げにする。（　）
16 息子に家督を譲ることにした。（　）
17 土を盛って塚をつくった。（　）
18 迷子になった愛犬を捜す。（　）
19 犯罪の嫌疑をかけられた。（　）
20 祖母は病院へ行くのを嫌がった。（　）
21 歌詞が心の琴線に触れる。（　）
22 美しいお琴の調べが聞こえる。（　）
23 過去の卑劣な行為を恥じる。（　）
24 人を卑しめることはよくない。（　）

2

次の――線のカタカナを漢字一字と送りがな（ひらがな）に直せ。

〈例〉問題にコタエル。（答える）

1 うそはつかないとチカウ。（　）
2 近所の寺にモウデル。（　）
3 イツワリのない気持ちを伝えた。（　）
4 公然と反旗をヒルガエス。（　）
5 口うるさい友人をウトンジル。（　）
6 奉仕の精神をツチカウ。（　）
7 海辺で波とタワムレル。（　）
8 校名をケガスことはするな。（　）
9 天下をスベル野望を持つ。（　）
10 さまざまな工夫をコラス。（　）

3

後の［　］の中の語を必ず一度だけ使って漢字に直し、対義語・類義語を記せ。

対義語

1 古豪―（　）
2 個別―（　）
3 率先―（　）
4 隆起―（　）
5 富裕―（　）

類義語

6 学識―（　）
7 固執―（　）
8 心配―（　）
9 筋道―（　）
10 調和―（　）

いっせい・かんぼつ・きんこう・しんえい・そうけい・ついずい・ひんきゅう・ぼくしゅ・みゃくらく・ゆうりょ

4 次の――線のカタカナを漢字に直せ。

1 カギアナに潤滑剤をさした。
2 正月は寺社のサンケイ人が多い。
3 心のクウゲキを埋める。
4 師範代にケイコをつけてもらう。
5 彼女は仲間の憧《しょう》ケイの的だ。
6 ハシゲタ辺りで流れが渦を巻く。
7 ケンジュウから弾が抜かれた。
8 他人に責任をテンカする。
9 ハナムコの父が挨拶《あいさつ》する。
10 写真を見て旅のヨインに浸る。
11 ツボあたりの土地の単価を出す。
12 ヒサメがいつしか雪になった。
13 私のガンコな性格は父譲りだ。
14 旧来のカラを打ち破る時が来た。
15 学校で使う雑巾をヌった。
16 趣味でシギンを楽しむ。
17 ザッキンの混入を防ぐ。
18 大魚をイッする。
19 深山のケイコクの美を探る。
20 サイレンで危険をケイコクする。
21 ケンキョな態度で接する。
22 経営者が脱税でケンキョされた。
23 財布のひもをシめる。
24 与党が議会の過半数をシめる。

荒唐無稽（こうとうむけい）
【意味】言説に根拠がなく、現実味に欠けること
「荒唐」は「よりどころがなくでたらめなこと」、「無稽」は「考える根拠がないこと」という意味です。「無稽」を「無形」「無計」と書き間違えないようにしましょう。

ステップ 9

漢字	許容字体	読み（音）	読み（訓）	画数	部首	部首名	漢字の意味	用例
舷	—	ゲン	—	11	舟	ふねへん	ふなばた・ふなべり	舷窓《げんそう》・舷側《げんそく》・舷灯《げんとう》・右舷《うげん》・左舷《さげん》
股	—	コ	また	8	月	にくづき	足のつけね・ふたまたになっているもの	股間《こかん》・股関節《こかんせつ》・四股《しこ》・股上《またがみ》・内股《うちまた》・大股《おおまた》
虎	—	コ	とら	8	虍	とらがしら とらかんむり	動物のトラ・たけだけしいもののたとえ	虎穴《こけつ》・虎口《ここう》・虎渓三笑《こけいさんしょう》・騎虎《きこ》・猛虎《もうこ》・羊質虎皮《ようしつこひ》
錮	—	コ	—	16	釒	かねへん	金属ですきまをふさぐ・とじこめる	禁錮《きんこ》
勾	—	コウ	—	4	勹	つつみがまえ	曲がる・かぎ状に曲がったもの・とらえる	勾引《こういん》・勾配《こうばい》・勾欄《こうらん》・勾留《こうりゅう》・一筆勾消《いっぴつこうしょう》
梗	—	コウ	—	11	木	きへん	おおむね・ふさがる・固い・ヤマニレの木	梗概《こうがい》・梗塞《こうそく》・心筋梗塞《しんきんこうそく》・脳梗塞《のうこうそく》
喉	—	コウ	のど	12	口	くちへん	のど・のどぶえ	喉頭《こうとう》・咽喉《いんこう》・喉笛《のどぶえ》・喉仏《のどぼとけ》・喉元《のどもと》・喉《のど》が鳴《な》る

練習問題

1	/24
2	/20
3	/10
4	/24

月　日

1 次の――線の漢字の読みをひらがなで記せ。

1 禁錮の判決が確定する。（　）
2 祖父が心筋梗塞《そく》で倒れた。（　）
3 相撲取りが四股を踏む。（　）
4 虎穴に入るような危険を冒す。（　）
5 舷窓から外を眺める。（　）
6 鼻炎で耳鼻咽喉科に通院中だ。（　）
7 被疑者の勾留期間を延長する。（　）
8 柔道で内股を掛けて勝った。（　）
9 喉元過ぎれば熱さを忘れる。（　）
10 虎の子の金を投資した。（　）
11 代金の支払いを督促された。（　）
12 会議に遅れそうになって焦る。（　）
13 連続優勝の覇業を成し遂げた。（　）
14 民族解放の紛争が頻発している。（　）
15 己を省みて恥じるところがない。（　）
16 城の堀端に咲く花が美しい。（　）
17 長年の迷妄が打破された。（　）
18 インクが紙の裏に染みる。（　）
19 隣国の使者が来貢した。（　）
20 朝廷に特産品を貢ぐ。（　）
21 汚水は側溝を流れていく。（　）
22 深い溝を跳び越える。（　）
23 おおよその事情は把握した。（　）
24 握り飯を持って出かける。（　）

2 次の漢字の右の（　）には音読みを、左の（　）には訓読みをひらがなで記せ。

1 従容（　）
2 従（　）う
3 甚大（　）
4 甚（　）だしい
5 恐慌（　）
6 大慌（　）て
7 吟詠（　）
8 詠（　）む
9 亡者（　）
10 亡（　）い
11 賜金（　）
12 賜（　）る
13 喉頭（　）
14 喉（　）
15 股間（　）
16 股上（　）
17 鉄傘（　）
18 傘（　）
19 黒鍵（　）
20 合鍵（　）

3 次の四字熟語の（　）に入る適切な語を後の［　］の中から選び、漢字に直して記せ。

1 （　）三笑
2 時期（　）
3 （　）後楽
4 空空（　）
5 （　）実直
6 （　）千万
7 雲水（　）
8 意気（　）
9 百八（　）
10 （　）北斗

あんぎゃ・いかん・きんげん・こけい・しょうそう・しょうてん・せんゆう・たいざん・ばくばく・ぼんのう

4 次の――線のカタカナを漢字に直せ。

1 船長室は**ウゲン**側にある。
2 文学賞受賞作の**コウガイ**を読む。
3 首元の**ノドボトケ**に触れる。
4 **オオマタ**でさっそうと歩く。
5 裁判で**キンコ**十年を求刑された。
6 坂の**コウバイ**がきつくなる。
7 小豆を使って**シルコ**を作る。
8 陳謝して過ちを**ツグナ**う。
9 山の**ハ**に美しい月がかかる。
10 **ヨジョウ**在庫を整理した。
11 国を相手に**ソショウ**を起こす。
12 相手の顔を**ミス**える。
13 神官が**ノリト**をあげる。
14 **シンシ**服売り場でスーツを選ぶ。
15 **セン**を抜いて浴槽の水を流した。
16 政党の**スウヨウ**な地位に就く。
17 欠席の**ムネ**を先方に伝える。
18 **トラ**の威を借るきつね。
19 **ケンメイ**に涙をこらえた。
20 彼は**ケンメイ**な判断をした。
21 武力で暴徒を**シズ**めた。
22 廃船を**シズ**めて漁礁とした。
23 息子の応援に**カ**けつけた。
24 鉄塔を建てて電線を**カ**ける。

虎渓三笑（こけいさんしょう）
【意味】あることに熱中しすぎてほかのことを全て忘れてしまうこと
昔、中国の法師が、知人二人を見送る際、話に夢中になって、日頃渡るまいとしていた虎渓（谷川の名）を渡ってしまったことに気づき、三人で大笑いしたという故事に基づきます。

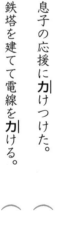

漢字	許容字体	読み	画数	部首	部首名	漢字の意味	用例
乞	—	音 — 訓 こ(う)	3	乙	おつ	こう・こいもとめる・ねだる	雨乞《あまご》い・いとま乞《ご》い・命乞《いのちご》い・乞《こ》うご期待《きたい》
傲	—	音 ゴウ 訓 —	13	イ	にんべん	おごる・あなどる・見くだす	傲岸《ごうがん》・傲岸不遜《ごうがんふそん》・傲然《ごうぜん》・傲慢《ごうまん》
駒	—	音 — 訓 こま	15	馬	うまへん	子馬・若い元気な馬・小さいものの呼称	駒鳥《こまどり》・手駒《てごま》・春駒《はるごま》・持《も》ち駒《ごま》・将棋《しょうぎ》の駒《こま》
頃	—	音 — 訓 ころ	11	頁	おおがい	ころ・このごろ・ちかごろ・しばらく	頃合《ころあ》い・近頃《ちかごろ》・手頃《てごろ》・年頃《としごろ》・日頃《ひごろ》・幼《おさな》い頃《ころ》
痕	—	音 コン 訓 あと	11	疒	やまいだれ	きずあと・あと・あとかた	痕跡《こんせき》・血痕《けっこん》・弾痕《だんこん》・墨痕《ぼっこん》・傷痕《きずあと》・爪痕《つめあと》・手術《しゅじゅつ》の痕《あと》
沙	—	音 サ 訓 —	7	氵	さんずい	すな・水中で洗ってよりわける	沙汰《さた》・沙中《さちゅう》・音沙汰《おとさた》・表沙汰《おもてざた》・黄沙《こうさ》・無沙汰《ぶさた》
挫	—	音 ザ 訓 —	10	扌	てへん	くじく・手足の関節を痛める・失敗する	挫傷《ざしょう》・挫折《ざせつ》・頓挫《とんざ》・捻挫《ねんざ》・脳挫傷《のうざしょう》・抑揚頓挫《よくようとんざ》

筆順

ステップ 10

練習問題

□ 1 　／24
□ 2 　／8
□ 3 　／10
□ 4 　／24

月　日

1 次の――線の漢字の読みをひらがなで記せ。

1 倉庫の壁に弾痕が残っている。（　　）
2 持ち駒を駆使して戦った。（　　）
3 挫折を乗り越えて成長する。（　　）
4 必死に命乞いをして助かった。（　　）
5 追い詰められても傲然と構える。（　　）
6 子どもの頃に住んでいた町だ。（　　）
7 沙中の偶語の計画を暴く。（　　）
8 大学時代の友人と会社を興す。（　　）
9 天皇が幼いため摂政が置かれた。（　　）
10 母の収入で生活を賄っている。（　　）
11 小川のせせらぎが涼感を誘う。（　　）
12 社長は剛腹な人物だ。（　　）
13 老翁に昔話をしてもらった。（　　）
14 自分を偽ることはできない。（　　）
15 文化的な生活を享受する。（　　）
16 言葉を濁してその場を繕う。（　　）
17 謹んでお礼申し上げます。（　　）
18 祭りで山車を引き回す。（　　）
19 空に下弦の月がかかる。（　　）
20 弓の弦音と共に矢が飛んだ。（　　）
21 怠惰な生活を改める。（　　）
22 気が緩んで注意を怠った。（　　）
23 責任を厳しく追及する。（　　）
24 周囲に広く影響が及ぶ。（　　）

2 次の――線のカタカナを漢字に直せ。

1 窓を開けて**カンキ**する。（　）
2 株価の推移に注意を**カンキ**する。（　）
3 子どもの**ヘンショク**を直したい。（　）
4 写真が**ヘンショク**する。（　）
5 **ルイケイ**百万部のヒット作だ。（　）
6 データを**ルイケイ**に分ける。（　）
7 手術の**アト**が目立たなくなる。（　）
8 雪の上に車輪の**アト**があった。（　）

3 次の漢字の部首を記せ。また下の熟語の読みをひらがなで記せ。

	部首		読み
1 傲	（　）	傲岸	（　）
2 駄	（　）	駄弁	（　）
3 頃	（　）	年頃	（　）
4 痕	（　）	墨痕	（　）
5 沙	（　）	黄沙	（　）
6 巾	（　）	茶巾	（　）
7 稽	（　）	滑稽	（　）
8 桁	（　）	井桁	（　）
9 勾	（　）	勾引	（　）
10 喉	（　）	喉笛	（　）

4 次の——線のカタカナを漢字に直せ。

1 **ゴウガン**な態度に反発が強まる。（　　）
2 **ヒゴロ**の疲れを温泉で癒やす。（　　）
3 将棋の**コマ**を盤上に並べた。（　　）
4 兄からは何の音**サ**汰《た》もない。（　　）
5 犯行現場に**ケッコン**が残る。（　　）
6 軽度の脳**ザショウ**と診断された。（　　）
7 慈悲を**コ**うためにひれ伏した。（　　）
8 金の**モウジャ**と陰口を言われた。（　　）
9 病院で人工**トウセキ**を受ける。（　　）
10 **トコナツ**の島で新年を迎えた。（　　）
11 **シュンビン**な動きに脱帽する。（　　）
12 手数料が**ジャッカン**必要になる。（　　）
13 部員同士の意思**ソツウ**を図る。（　　）
14 江戸時代の一里**ヅカ**の跡がある。（　　）
15 失恋した友人を**ナグサ**める。（　　）
16 新興企業が発展を**ト**げる。（　　）
17 相手の意見を**コウテイ**する。（　　）
18 カニは**コウラ**に似せて穴を掘る。（　　）
19 彼は教育界に**コウケン**した人だ。（　　）
20 幼い家長の**コウケン**人となる。（　　）
21 突然の雨に**キセイ**をそがれる。（　　）
22 **キセイ**概念を打ち破る。（　　）
23 会社で**ショウガイ**係を担当する。（　　）
24 路上の**ショウガイ**物を取り除く。（　　）

熟語の組み立て方❸

▼上の漢字が下の漢字を修飾しているもの

（修飾と被修飾の関係　例 象牙→象の牙　共謀→共に謀る）

・上の漢字が下の名詞性の漢字を修飾するもの……例 血痕・僅差

・上の漢字が下の動詞性の漢字を修飾するもの……例 全潰・懇請

漢字	許容字体	読み	画数	部首	部首名	漢字の意味	用例	筆順
采	—	音 サイ 訓 —	8	釆	のごめ	とる・いろどり・すがた・領地	采配《さいはい》・喝采《かっさい》・拍手喝采《はくしゅかっさい》・風采《ふうさい》	
塞	—	音 サイ、ソク 訓 ふさ(ぐ)、ふさ(がる)	13	土	つち	ふさぐ・ふさがる・とざす・とりで	塞翁《さいおう》・城塞《じょうさい》・要塞《ようさい》・梗塞《こうそく》・抜本塞源《ばっぽんそくげん》・閉塞《へいそく》・耳《みみ》を塞《ふさ》ぐ	3・6・8
柵	—	音 サク 訓 —	9	木	きへん	木や竹、金属などで作った囲い・とりで	柵門《さくもん》・城柵《じょうさく》・鉄柵《てっさく》・木柵《もくさく》	
刹	—	音 サツ、セツ 高 訓 —	8	刂	りっとう	てら・寺院	古刹《こさつ》・名刹《めいさつ》・刹那《せつな》・羅刹《らせつ》	
拶	—	音 サツ 訓 —	9	扌	てへん	せまる・おしよせる	挨拶《あいさつ》・挨拶状《あいさつじょう》	
斬	—	音 ザン 訓 き(る)	11	斤	おのづくり	きる・刀で切る・きわだつ・抜きんでる	斬殺《ざんさつ》・斬首《ざんしゅ》・斬新奇抜《ざんしんきばつ》・斬髪《ざんぱつ》・試《ため》し斬《ぎ》り	3

ステップ 11

練習問題

1	/24
2	/6
3	/10
4	/24

月　日

1 次の——線の漢字の読みをひらがなで記せ。

1 星形の要塞都市を築く。
2 見事な歌唱力で喝采を博した。
3 歴史ある名刹を巡る。
4 刹那《な》の快楽はむなしいだけだ。
5 侍が夜盗を刀で斬殺した。
6 引っ越しの挨拶状を出す。
7 不況の閉塞感に苦しむ。
8 刀の試し斬りをする。
9 鉄柵を巡らせて侵入を阻む。
10 失敗して気が塞ぐ。
11 若手の俊才を集める。
12 均斉のとれた体は美しい。
13 契約書に但し書きを付けた。
14 無人島の中を探索する。
15 昔は穀物や油を升で量った。
16 愚痴の多い叔母を疎んじる。
17 公衆の面前で醜態をさらす。
18 唯美派の代表的な作家の作品だ。
19 前任者に協力を懇願した。
20 来客を懇ろにもてなした。
21 日照りで貯水池が枯渇する。
22 霜で庭の花が枯れてしまった。
23 砕氷船が氷を割って進む。
24 かみ砕いてわかりやすく話す。

2 次の〔　〕から対義語の関係になる組み合わせを一組選び、記号で記せ。

1 〔ア 斬新　イ 清濁　ウ 陳腐　エ 清廉〕（　・　）
2 〔ア 獲得　イ 得失　ウ 捕獲　エ 喪失〕（　・　）
3 〔ア 薄墨　イ 純真　ウ 漆黒　エ 純白〕（　・　）
4 〔ア 耐乏　イ 充足　ウ 充当　エ 欠乏〕（　・　）
5 〔ア 園芸　イ 栽培　ウ 自生　エ 飼育〕（　・　）
6 〔ア 尊敬　イ 軽侮　ウ 尊大　エ 敬遠〕（　・　）

3 次の各文にまちがって使われている同じ読みの漢字が一字ある。上に誤字を、下に正しい漢字を記せ。

	誤	正
1 小高い場所に強固な城采を築く。	（　）	（　）
2 石油の毎蔵量を調査する。	（　）	（　）
3 地面の貫没した箇所を調べる。	（　）	（　）
4 機体の損障のため空港に戻る。	（　）	（　）
5 危餓に苦しむ人々に援助する。	（　）	（　）
6 来期の予算を大幅に搾減される。	（　）	（　）
7 幼児が健盤楽器に興味を示した。	（　）	（　）
8 懐中電灯で洞屈の中を照らす。	（　）	（　）
9 台布斤で食卓の上を丁寧にふく。	（　）	（　）
10 県大会決勝で謹少の差で敗れた。	（　）	（　）

4 次の——線のカタカナを漢字に直せ。

1 鎌倉の**コサツ**を訪ね歩く。
2 ようやく傷口が**フサ**がった。
3 **サク**を越えて敷地に入る。
4 彼は**フウサイ**が上がらない。
5 昔は**ザンシュ**の刑があった。
6 礼儀正しく**アイサツ**をする。
7 犯罪を**キョウサ**してはいけない。
8 両者には**ウンデイ**の差がある。
9 戸籍**ショウホン**を取り寄せた。
10 新事業のための**フセキ**を打つ。
11 **ネ**る前に歯を磨く習慣がある。
12 **ドロナワ**式で間に合わせる。
13 党の**ソウサイ**に選出される。
14 大会出場のため練習に**ハゲ**む。
15 役所の不正を**ダンガイ**する。
16 **エリモト**のデザインが個性的だ。
17 盆踊りに**ロウニャク**男女が集う。
18 読書は心の**カテ**となる。
19 一審判決に納得せず**コウソ**する。
20 消化**コウソ**が多く含まれる。
21 宇宙から無事に**セイカン**した。
22 事態をしばらく**セイカン**する。
23 海に**ノゾ**む部屋をとる。
24 幸福になりたいと**ノゾ**む。

斬新奇抜（ざんしんきばつ）
【意味】着想が独特で、これまでにない新しさを備えていること
類義語は「奇想天外」。「斬」を「漸」、「奇」を「寄」と書き誤りやすいので注意しましょう。
例 彼女はいつも斬新奇抜な服装をしている。

漢字	許容字体	読み	画数	部首	部首名	漢字の意味	用例
恣	—	音 シ／訓 —	10	心	こころ	ほしいまま・勝手気ままにする	恣意《しい》・恣意的《しいてき》・放恣《ほうし》
摯	—	音 シ／訓 —	15	手	て	まこと・まじめ・とる・もつ・つかむ	真摯《しんし》
餌	餌	音 ジ 高／訓 えさ、え	15	𩙿	しょくへん	動物の飼料・人を誘惑する手段・食物の総称	好餌《こうじ》・食餌《しょくじ》・薬餌《やくじ》・餌《えさ》やり・餌食《えじき》
叱	—	音 シツ／訓 しか(る)	5	口	くちへん	しかる・責める・とがめる	叱正《しっせい》・叱声《しっせい》・叱責《しっせき》
嫉	—	音 シツ／訓 —	13	女	おんなへん	ねたむ・そねむ・やきもちをやく・にくむ	嫉視《しっし》・嫉妬《しっと》
腫	—	音 シュ／訓 は(れる)、は(らす)	13	月	にくづき	はれもの・できもの・はれる・むくむ	腫物《しゅもつ》・腫瘍《しゅよう》・筋腫《きんしゅ》・浮腫《ふしゅ》・腫《は》れ物《もの》・泣《な》き腫《は》らす

筆順

ステップ 12

練習問題

1	／24
2	／10
3	／6
4	／24

月　日

1 次の――線の漢字の読みをひらがなで記せ。

1 好餌で相手を誘い込む。（　）

2 先輩の忠告を真摯に受け止める。（　）

3 恣意的な決断で人を振り回す。（　）

4 専門家にご叱正を乞う。（　）

5 足の浮腫の原因を調べる。（　）

6 同級生の嫉視を浴びる。（　）

7 飼い犬に一日二回餌をやる。（　）

8 帰宅が遅れて父に叱られた。（　）

9 泣きすぎて目が腫れる。（　）

10 チョウがクモの餌食になった。（　）

11 安全のために鹿の角を切る。（　）

12 衆寡敵せず、味方は敗れた。（　）

13 塩漬けの魚は日持ちがよい。（　）

14 売り上げが逓増してきた。（　）

15 学校生活の秩序を乱す行為だ。（　）

16 両者の意見を併せて考える。（　）

17 柳の木が湖面に映っている。（　）

18 不肖の息子で申し訳ない。（　）

19 大手メーカーの傘下に入る。（　）

20 日傘をさして肌を保護する。（　）

21 法事の施主を務める。（　）

22 けが人に応急手当てを施す。（　）

23 先輩の言葉を聞いて発憤する。（　）

24 市民軽視の行政に憤りを感じる。（　）

2 次の漢字が下の（　）に入る漢字を修飾するよう、後の［　］の中から選び、熟語を作れ。［　］の中の漢字は一度だけ使うこと。

1 叱（　　）
2 筆（　　）
3 閑（　　）
4 球（　　）
5 勅（　　）
6 漆（　　）
7 尼（　　）
8 財（　　）
9 頒（　　）
10 頻（　　）

価　禍　器　茎　使　職　声　僧　度　閥

3 文の意味に合う漢字をa・bから選び、記号で記せ。

1 足の〔a腫　b晴〕れが引くまで冷やす。（　　）
2 雑木林で〔a香　b蚊〕に刺される。（　　）
3 父に〔a当　b宛〕てて手紙を書く。（　　）
4 悪事を〔a謀　b諮〕るが、失敗に終わった。（　　）
5 友人の早すぎる死を〔a悼　b傷〕む。（　　）
6 機転を〔a聴　b利〕かせて問題に対処する。（　　）

4 次の――線のカタカナを漢字に直せ。

1 友人の才能に**シッ**妬《と》する。（　　）
2 統計データを**シイ**的に解釈する。（　　）
3 創作活動に**シンシ**に打ち込む。（　　）
4 **ヤクジ**に親しむ日が続く。（　　）
5 上司に厳しく**シッセキ**された。（　　）
6 検診で**キンシュ**が見つかった。（　　）
7 自己**ケンジ**欲の強い人物だ。（　　）
8 いたずらした子どもを**コ**らす。（　　）
9 社長の**テイタク**に招かれる。（　　）
10 彼女は十年に一人の**イツザイ**だ。（　　）
11 **ケッカン**車が回収される。（　　）
12 入り**エ**では波が穏やかだ。（　　）

13 仕事で失敗して**サセン**される。（　　）
14 猟銃の**ツツサキ**から煙がのぼる。（　　）
15 天下の**ゴウケツ**の役を演じる。（　　）
16 金銭に**カラ**んだ問題が多い。（　　）
17 **センサイ**な感性を大事にする。（　　）
18 舟に刻みて**ケン**を求む。（　　）
19 旧陸軍の**タイサ**の手記を読む。（　　）
20 相手に**タイサ**をつけて勝った。（　　）
21 選手の年齢**サショウ**が発覚した。（　　）
22 **サショウ**を取得して入国した。（　　）
23 新しい知識に**ウ**えている。（　　）
24 庭に記念樹を**ウ**える。（　　）

使い分けよう! **しっせい【叱声・叱正】**

叱声…例 叱声を放つ（しかる声・しかる言葉）

叱正…例 よろしくご叱正を乞う・先生のご叱正を仰ぐ（しかって正すこと）

「叱正」は、詩文の添削や批評を頼むときに、へりくだっていう言葉です。

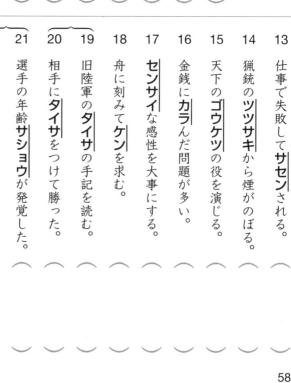

総得点 ／100

評価 A 80点 B 75点 C 70点 D 60点 E

月　日

1 次の――線の漢字の読みをひらがなで記せ。 1×10 ／10

1 額に汗して日々の糧を得る。（　）
2 すぐに在庫が僅少となった。（　）
3 川魚を串に刺してあぶる。（　）
4 応募作品の梗概をまとめる。（　）
5 不作で野菜が桁外れに高い。（　）
6 ひざまずいて王に慈悲を乞う。（　）
7 工務店に住居の普請を依頼する。（　）
8 手駒が豊富で対戦の優位に立つ。（　）
9 土壇場で計画を取りやめた。（　）
10 難破船の残骸が見つかる。（　）

2 次の漢字の部首を記せ。また下の熟語の読みをひらがなで記せ。 2×10 ／20

	漢字	部首	熟語	読み
1	虎	（　）	騎虎	（　）
2	隙	（　）	空隙	（　）
3	窟	（　）	魔窟	（　）
4	股	（　）	四股	（　）
5	柵	（　）	柵門	（　）
6	餌	（　）	食餌	（　）
7	刹	（　）	羅刹	（　）
8	恣	（　）	放恣	（　）
9	拳	（　）	拳法	（　）
10	斬	（　）	斬髪	（　）

3 次の——線のカタカナを漢字一字と送りがな（ひらがな）に直せ。 2×10 /20

〈例〉問題にコタエル。（答える）

1 千円で二人分の食事をマカナウ。（ ）
2 虫に刺されて皮膚が赤くハレル。（ ）
3 難しい資格試験にイドム。（ ）
4 松の枝を針金でタメル。（ ）
5 この川の流れはユルヤカダ。（ ）
6 ドアにスカートがハサマル。（ ）
7 無理をして平静をヨソオウ。（ ）
8 同じアヤマチは繰り返さない。（ ）
9 何度か目をマタタカせた。（ ）
10 枯れた大地を雨がウルオス。（ ）

4 熟語の構成のしかたには次のようなものがある。 1×10 /10

ア 同じような意味の漢字を重ねたもの（岩石）
イ 反対または対応の意味を表す字を重ねたもの（高低）
ウ 上の字が下の字を修飾しているもの（洋画）
エ 下の字が上の字の目的語・補語になっているもの（着席）
オ 上の字が下の字の意味を打ち消しているもの（非常）

次の熟語は右のア〜オのどれにあたるか、一つ選び、記号で記せ。

1 雅俗（ ）
2 検疫（ ）
3 枯渇（ ）
4 逐次（ ）
5 逓減（ ）
6 未了（ ）
7 僅差（ ）
8 嫌忌（ ）
9 渉猟（ ）
10 憂患（ ）

5 次の各文にまちがって使われている同じ読みの漢字が一字ある。上に誤字を、下に正しい漢字を記せ。

2×5 ／10

誤　正

1 健康を維持するため、合成着色料や保存料が点加されていない食品を選ぶ。（　）（　）

2 感冒にかかったら、葛根湯を飲み、暖かくして推眠を十分とることで対処している。（　）（　）

3 以前から機惧されていた通り、データ管理に問題があり、個人情報が流出してしまった。（　）（　）

4 大学卒業後留学した彼は経済アナリストとして活躍し、世界経済の動向に通業している。（　）（　）

5 その政治家は、醜聞のため急地に追い込まれたが、誠心誠意謝罪して信頼を回復した。（　）（　）

6 後の□の中の語を必ず一度だけ使って漢字に直し、対義語・類義語を記せ。

1×10 ／10

対義語

1 貫徹―（　）

2 進出―（　）

3 栄華―（　）

4 末端―（　）

5 老巧―（　）

類義語

6 歳月―（　）

7 仲介―（　）

8 省略―（　）

9 親密―（　）

10 死角―（　）

かつあい・こういん・こんい・ざせつ・ちせつ・ちゅうすう・てったい・ばいかい・ぼつらく・もうてん

7 次の四字熟語について、問1と問2に答えよ。

1×10 ／10

問1 次の四字熟語の（　）に入る適切な語を後の［　］の中から選び、漢字二字で記せ。

ア 深山（1　　）
イ（2　　）頭正
ウ（3　　）独尊
エ 襲名（4　　）
オ（5　　）不党
カ（6　　）無稽

［こうとう・はじゃ・ひろう・ふへん・ゆいが・ゆうこく］

問2 次の7〜10の意味にあてはまるものを問1のア〜カの四字熟語から一つ選び、記号で記せ。

7 公正中立の立場に立つこと。（　　）
8 人里離れた静かな自然。（　　）
9 言説に根拠がなくでたらめなこと。（　　）
10 誤りを否定し正しい考えを示すこと。（　　）

8 次の――線のカタカナを漢字に直せ。

1×10 ／10

1 借りていた資料を**ヘンカン**する。（　　）
2 **サムライ**としての誇りを持つ。（　　）
3 **ゲンソウ**的な光景に見とれる。（　　）
4 **ゴウゼン**たる態度で指図された。（　　）
5 中学生の**コロ**は野球一筋だった。（　　）
6 火鉢に**テツビン**をかける。（　　）
7 **シカ**が畑に入り込んで困った。（　　）
8 庶民の生活を描いた**ニシキエ**だ。（　　）
9 **ノドモト**をマフラーで覆う。（　　）
10 古典音楽への**ゾウケイ**を深める。（　　）

ステップ 13

漢字	呪	袖	羞	蹴	憧	拭	尻
許容字体	—	—	—	—	—	—	—
読み	音 ジュ 訓 のろ(う)	音 シュウ 高 訓 そで	音 シュウ 訓 —	音 シュウ 訓 け(る)	音 ショウ 訓 あこが(れる)	音 ショク 高 訓 ふ(く) ぬぐ(う)	音 — 訓 しり
画数	8	10	11	19	15	9	5
部首	口	衤	羊	𧾷	忄	扌	尸
部首名	くちへん	ころもへん	ひつじ	あしへん	りっしんべん	てへん	かばね しかばね
漢字の意味	のろう・のろい・まじない	そで・衣服のそで	はじる・はずかしい・食物をすすめる	ける・けとばす・踏む・つつしむ	あこがれる・心がおちつかないさま	ぬぐう・ふく・ふきとる	しり・うしろのほう・おわり
用例	呪術《じゅじゅつ》・呪縛《じゅばく》・呪符《じゅふ》・呪物《じゅぶつ》・呪文《じゅもん》・世《よ》を呪《のろ》う	袖手傍観《しゅうしゅぼうかん》・領袖《りょうしゅう》・袖垣《そでがき》・半袖《はんそで》	羞恥心《しゅうちしん》・含羞《がんしゅう》・膳羞《ぜんしゅう》	蹴球《しゅうきゅう》・一蹴《いっしゅう》・蹴散《けち》らす・石蹴《いしけ》り	憧憬《しょうけい》《どうけい》・憧《あこが》れの人《ひと》	拭浄《しょくじょう》・払拭《ふっしょく》・拭《ふ》き掃除《そうじ》・手拭《てぬぐ》い・汗《あせ》を拭《ぬぐ》う	尻馬《しりうま》・尻込《しりご》み・尻目《しりめ》・尻餅《しりもち》・帳尻《ちょうじり》・目尻《めじり》
筆順	呪 呪 呪 呪 呪 呪 呪 呪	袖 袖 袖 袖 袖 袖 袖 袖 袖 袖	羞 2 羞 羞 羞 羞 羞 羞 羞 羞 羞	蹴 4 蹴 蹴 7 蹴 9 蹴 12 蹴 15 蹴 蹴 蹴 蹴	憧 2 憧 憧 憧 憧 7 憧 憧 10 憧 12 憧 憧 15	拭 拭 拭 拭 拭 拭 拭 拭 拭	尻 尻 尻 尻 尻

ステップ 13 練習問題

1	／24
2	／10
3	／5
4	／24

月　日

1 次の――線の漢字の読みをひらがなで記せ。

1 くだらないうわさを一蹴する。（　）
2 与党の領袖として活躍する。（　）
3 主人公は魔法の呪文を唱えた。（　）
4 恐怖に駆られて尻込みした。（　）
5 先輩に憧憬の念を抱いている。（　）
6 床にこぼれた水を拭き取った。（　）
7 羞恥心のない人が増えたと嘆く。（　）
8 春から憧れの大学生活が始まる。（　）
9 世の不条理を呪いたくなる。（　）
10 半袖のワンピースに着替えた。（　）

11 対戦者を蹴散らして勝ち上がる。（　）
12 あふれる涙を手で拭った。（　）
13 硝煙のにおいが辺りに漂う。（　）
14 伝統工芸の孤塁を守って久しい。（　）
15 素人と侮ると痛い目に遭う。（　）
16 恐竜図鑑を隅々まで読む。（　）
17 際どい勝負に判定が下される。（　）
18 名作を網羅した全集を読む。（　）
19 漆黒の美しい髪をかき上げた。（　）
20 特産品の漆細工をお土産に買う。（　）
21 踏切の遮断機が下りる。（　）
22 大きな川が行く手を遮った。（　）
23 父は毎日晩酌を欠かさない。（　）
24 相手の気持ちを酌み取る。（　）

2 後の□の中の語を必ず一度だけ使って漢字に直し、対義語・類義語を記せ。

対義語

1 凡百—（　）
2 下落—（　）
3 事実—（　）
4 答申—（　）
5 粗略—（　）

類義語

6 一掃—（　）
7 猛者—（　）
8 処罰—（　）
9 互角—（　）
10 解雇—（　）

きょこう・ごうけつ・しもん・ちょうかい・ていねい・とうき・はくちゅう・ひめん・ふっしょく・ゆいいつ

3 次の四字熟語の読みをひらがなで記せ。また、その意味をア〜オから選び、記号を記せ。

	読み	意味
1 抜本塞源	（　）	（　）
2 疾風迅雷	（　）	（　）
3 孤城落日	（　）	（　）
4 鼓舞激励	（　）	（　）
5 自由奔放	（　）	（　）

ア すばやく激しいこと。
イ 気がねなしに自分の思うままに行動するさま。
ウ 災いの原因を取りのぞくこと。
エ ふるい立たせはげますこと。
オ 勢いが衰え心細く頼りないさま。

4 次の――線のカタカナを漢字に直せ。

1 都会での生活にアコガれる。
2 顔にガンシュウの色を浮かべる。
3 新しい制服にソデを通す。
4 友人と石をケって遊んだ。
5 旧習のジュバクから解かれる。
6 固く絞った雑巾で机をフく。
7 他人のシリウマに乗って騒ぐ。
8 会社の将来をソウケンに担う。
9 党内のハバツ争いが激化した。
10 目を閉じて思い出をタグる。
11 誠にコウジンの至りです。
12 後輩に心得違いをサトした。

13 リーグ戦に勝ってハケンを握る。
14 この和歌はヨみ人知らずだ。
15 アイビョウの写真を持ち歩く。
16 母からヒンパンに連絡が来る。
17 赤飯をタいて誕生日を祝う。
18 シカを指して馬となす。
19 多くの子会社をサンカに持つ。
20 文化財を災害のサンカから守る。
21 歳末にシャオンセールを催す。
22 高速道路にシャオン壁を設ける。
23 目のツんだ布地を使う。
24 トラブルの芽をツんでおく。

二とおりの読み方をする熟語

熟語には二とおりの読み方をするものがあります。
意味が変わらないもの…例 憧憬（しょうけい・どうけい）
意味が変わるもの………例 末期（まっき）→終わりの時期／末期（まつご）→一生の最後

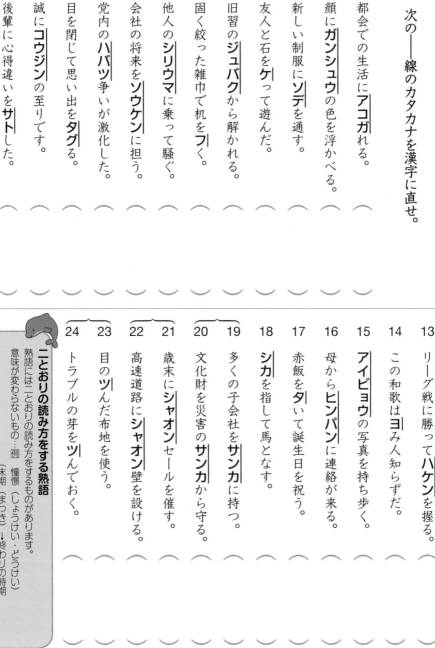

漢字表

ステップ14

漢字	許容字体	読み	画数	部首	部首名	漢字の意味	用例	筆順
芯	—	音 シン 訓 —	7	艹	くさかんむり	物の中心部分・イグサ科の多年草	帯芯《おびしん》・替《か》え芯《しん》・灯芯《とうしん》・鉛筆《えんぴつ》の芯《しん》	芯
腎	—	音 ジン 訓 —	13	肉	にく	五臓の一つ・大切なところ・かなめ	腎臓《じんぞう》・肝腎《かんじん》・副腎《ふくじん》	腎 5 7 13
須	—	音 ス 訓 —	12	頁	おおがい	待つ・用いる・求める・しなければならない	須恵器《すえき》・急須《きゅうす》・必須《ひっす》	須 10
裾	—	音 — 訓 すそ	13	衤	ころもへん	衣服のすそ・下のほう	裾上《すそあ》げ・裾野《すその》・お裾分《すそわ》け・川裾《かわすそ》・山裾《やますそ》・裾《すそ》をからげる	裾 2 13
凄	—	音 セイ 訓 —	10	冫	にすい	すさまじい・ぞっとする・すごい・さむい	凄艶《せいえん》・凄惨《せいさん》・凄切《せいせつ》・凄絶《せいぜつ》・凄然《せいぜん》	凄
醒	—	音 セイ 訓 —	16	酉	とりへん	さめる・酔い、眠り、迷いなどからさめる	覚醒《かくせい》・警醒《けいせい》・半醒《はんせい》・半醒半睡《はんせいはんすい》	醒 2 5 7 11 13 16
脊	—	音 セキ 訓 —	10	肉	にく	背・背骨・中央が高くなっているもの	脊索《せきさく》・脊髄《せきずい》・脊柱《せきちゅう》・脊椎《せきつい》・脊椎動物《せきついどうぶつ》	脊

ステップ 14

練習問題

1	2	3	4
/24	/10	/10	/24

月　日

1 次の——線の漢字の読みをひらがなで記せ。

1 革命が国民の意識を覚醒させた。（　）
2 肝腎なことを言い忘れた。（　）
3 脊柱のゆがみを矯正する。（　）
4 凄絶な戦いを制する。（　）
5 急須に湯を注ぎ入れる。（　）
6 リンゴの芯をくり抜いた。（　）
7 着物の裾をからげて走る。（　）
8 在庫品を卸値で売りさばいた。（　）
9 閣僚の顔ぶれが決まった。（　）
10 賃金闘争で同盟罷業に入った。（　）

11 初出場で全国制覇を果たす。（　）
12 人を陥れるような言動は慎む。（　）
13 富裕な商人の子として生まれた。（　）
14 ライバルと最後まで競り合った。（　）
15 かつての財閥が寄贈した庭園だ。（　）
16 凝ったデザインの靴が欲しい。（　）
17 蚊に刺されてひどくかゆい。（　）
18 着物の懐に財布を入れる。（　）
19 毎朝、寺で勤行をしている。（　）
20 姉は去年から銀行に勤めている。（　）
21 秋は旅愁を誘う季節だ。（　）
22 愁いを帯びた表情を浮かべた。（　）
23 秀逸な作品を続けて発表する。（　）
24 彼は語学に秀でている。（　）

2 次の（　）に「シュウ」「セイ」と音読みする適切な漢字を入れて熟語を作れ。また、その読みを〈　〉にひらがなで記せ。

シュウ

1 （　）拾〈　〉
2 報（　）〈　〉
3 含（　）〈　〉
4 欧（　）〈　〉

セイ

5 （　）惨〈　〉
6 要（　）〈　〉
7 （　）唱〈　〉
8 （　）澄〈　〉
9 犠（　）〈　〉
10 （　）去〈　〉

3 次の各文にまちがって使われている同じ読みの漢字が一字ある。上に誤字を、下に正しい漢字を記せ。

	誤	正
1 副甚皮質ホルモンを用いて治療する。	（　）	（　）
2 初陣で訓功を挙げて褒美をもらう。	（　）	（　）
3 病後なので慈養のある食物をとる。	（　）	（　）
4 守備力でチームの勝利に貢賢する。	（　）	（　）
5 警察に家出人の捜策願いを提出する。	（　）	（　）
6 精巧な欺造品が出回る。	（　）	（　）
7 歯茎が赤く張れて出血した。	（　）	（　）
8 暫新な政策で広く支持を得た。	（　）	（　）
9 帰省する車で高速道路が重滞した。	（　）	（　）
10 休憩は各自で適義とる段取りだ。	（　）	（　）

4 次の——線のカタカナを漢字に直せ。

1 **ジンゾウ**を患い人工透析に通う。
2 **セイサン**な戦いに終止符を打つ。
3 脳と**セキズイ**を中枢神経という。
4 ボールペンの替え**シン**を買う。
5 睡眠状態から**カクセイ**する。
6 合格の**ヒッス**条件を挙げる。
7 **ヤマスソ**に見事な紅葉が広がる。
8 邪魔な岩を**フンサイ**する。
9 正座して**マッチャ**をいただく。
10 温泉街に**イオウ**の臭いが漂う。
11 賛否が**ハクチュウ**している。
12 物語が**カキョウ**に入る。
13 雄大な大河の流れを**ナガ**める。
14 芸をした犬に**ホウビ**を与える。
15 **ゴウカ**な衣装を身にまとう。
16 雪で**コオ**った道を歩く。
17 寺院が**コンリュウ**される。
18 **ナマ**け者の節句働き。
19 正月には家族写真を**ト**る。
20 会議の終わりに決を**ト**る。
21 不意を突かれて**ドウヨウ**する。
22 昔覚えた**ドウヨウ**を口ずさむ。
23 うわさの**シンギ**を確かめる。
24 国会で法案を**シンギ**する。

同じ部首の漢字はどれ？

Q…「須」と同じ部首の漢字はどれ？　①頃　②煩　③彰

A…①「須」「頃」の部首は「頁(おおがい)」です。②は「火(ひへん)」、③は「彡(さんづくり)」が部首です。同じ形を含んでいても、部首が同じとは限りません。字義をふまえて、部首を覚えましょう。

漢字	許容字体	読み	画数	部首	部首名	漢字の意味	用例	筆順
戚	—	音 セキ 訓 —	11	戈	ほこづくり ほこがまえ	身内・親類・いたむ・うれえる・悲しむ	姻戚《いんせき》・縁戚《えんせき》・外戚《がいせき》・親戚《しんせき》	8
煎	煎	音 セン 訓 い(る)	13	灬	れんが れっか	いる・焼く・あぶる・せんじる・煮詰める	煎茶《せんちゃ》・煎餅《せんべい》・煎薬《せんやく》・湯煎《ゆせん》・煎《い》り豆《まめ》	2, 7, 13
羨	—	音 セン 高 訓 うらや(む) うらや(ましい)	13	羊	ひつじ	うらやむ・ほしがる・あまる・のこる	羨慕《せんぼ》・羨望《せんぼう》・人《ひと》も羨《うらや》む仲《なか》	2, 6, 13
腺	—	音 セン 訓 —	13	月	にくづき	せん・体液の分泌作用を営む器官	汗腺《かんせん》・甲状腺《こうじょうせん》・前立腺《ぜんりつせん》・乳腺《にゅうせん》・涙腺《るいせん》	2, 4, 9
詮	詮	音 セン 訓 —	13	言	ごんべん	明らかにする・解く・方法・結局	詮議《せんぎ》・詮索《せんさく》・所詮《しょせん》・名詮自性《みょうせんじしょう》・もはや詮方無《せんかたな》い	2, 4, 13
箋	箋	音 セン 訓 —	14	⺮	たけかんむり	ふだ・はりふだ・注釈・手紙や文章を書く紙	詩箋《しせん》・処方箋《しょほうせん》・便箋《びんせん》・付箋《ふせん》・用箋《ようせん》	3, 6
膳	—	音 ゼン 訓 —	16	月	にくづき	料理をのせる台・とりそろえた料理	膳羞《ぜんしゅう》・膳立《ぜんだ》て・膳部《ぜんぶ》・食膳《しょくぜん》・配膳《はいぜん》・本膳《ほんぜん》	2, 4, 6, 9, 15

ステップ 15

練習問題

1	/24
2	/10
3	/10
4	/24

月　日

1 次の――線の漢字の読みをひらがなで記せ。

1 クラスの羨望の的になる。（　　）
2 家族そろって祝いの膳につく。（　　）
3 食後に煎茶をいれて飲んだ。（　　）
4 気になるページに付箋を貼《は》る。（　　）
5 姉夫婦は人も羨む仲だ。（　　）
6 前立腺がんの検査を受ける。（　　）
7 彼とは姻戚関係にある。（　　）
8 休んだ理由を詮索される。（　　）
9 コーヒー豆を自分で煎る。（　　）
10 友人の多い人が羨ましい。（　　）

11 中庸を得た意見に感心する。（　　）
12 ビルの建坪を計算する。（　　）
13 泥沼の紛争が続いている。（　　）
14 議論が白熱し、深更に及ぶ。（　　）
15 この件については後で詳述する。（　　）
16 机に向かって苦吟する。（　　）
17 拷問は憲法で禁じられている。（　　）
18 二人若しくは三人で一組になる。（　　）
19 復旧作業は徹宵で行われた。（　　）
20 夜の八時はまだ宵の口だ。（　　）
21 由緒ある古寺を訪ねる。（　　）
22 草履の鼻緒が擦れて足が痛む。（　　）
23 決勝戦で惨敗してしまった。（　　）
24 失敗して惨めな気持ちになる。（　　）

2 熟語の構成のしかたには次のようなものがある。

ア 同じような意味の漢字を重ねたもの（岩石）
イ 反対または対応の意味を表す字を重ねたもの（高低）
ウ 上の字が下の字を修飾しているもの（洋画）
エ 下の字が上の字の目的語・補語になっているもの（着席）
オ 上の字が下の字の意味を打ち消しているもの（非常）

次の熟語は右のア～オのどれにあたるか、一つ選び、記号で記せ。

1 陥没（　　）
2 寛厳（　　）
3 払底（　　）
4 英俊（　　）
5 奇遇（　　）
6 余韻（　　）
7 貴賓（　　）
8 配膳（　　）
9 未刊（　　）
10 抑揚（　　）

3 次の四字熟語について、問1と問2に答えよ。

問1 次の四字熟語の（　）に入る適切な語を後の□の中から選び、漢字二字で記せ。

ア 質実（1）
イ（2）空拳
ウ（3）不抜
エ（4）烈日
オ（5）無恥
カ 一念（6）

けんにん・こうがん・ごうけん・しゅうそう・としゅ・ほっき

問2 次の7～10の意味にあてはまるものを問1のア～カの四字熟語から一つ選び、記号で記せ。

7 手に何も持っていないこと。（　　）
8 ずうずうしいさま。（　　）
9 刑罰などが非常に厳しいこと。（　　）
10 我慢強く何事にも動じないこと。（　　）

4 次の――線のカタカナを漢字に直せ。

1 節分にイり豆をまく。（　　）
2 彼の才能がウラヤましい。（　　）
3 シンセキの家に遊びに行った。（　　）
4 海の幸がショクゼンをにぎわす。（　　）
5 ビンセンで手紙を書く。（　　）
6 ショセン子どものいたずらだ。（　　）
7 悲しい話にルイセンが緩んだ。（　　）
8 近代医学のイシズエを築く。（　　）
9 インを踏んだ詩を作る。（　　）
10 社長が人事をサッシンする。（　　）
11 コレラのボウエキ対策を講じる。（　　）
12 国をスべる王となる。（　　）

13 外国とのシャッカンが成立した。（　　）
14 雪が辺り一面をオオい隠した。（　　）
15 入金と出金とをソウサイする。（　　）
16 ソウレツな戦いだった。（　　）
17 生活用品を小売店にオロす。（　　）
18 ニえ湯を飲まされる。（　　）
19 事故の損害をホショウする。（　　）
20 社会ホショウ制度を見直す。（　　）
21 古代文明ハッショウの地に来た。（　　）
22 感染して結核をハッショウした。（　　）
23 業者と価格のコウショウをする。（　　）
24 コウショウな趣味を持つ。（　　）

熟語の組み立て方④
▼下の漢字が上の漢字の目的語または補語になっているもの
（下の漢字と上の漢字が、「～を（に）～する」という関係になっていて、下から読むと熟語の意味がつかめる）
例　配膳（膳を配る）　払底（底を払う）　殉教（教えに殉ずる）

ステップ 16

漢字	許容字体	読み	画数	部首	部首名	漢字の意味	用例	筆順
狙	—	音 ソ 訓 ねら(う)	8	犭	けものへん	ねらう・うかがう	狙撃《そげき》・的《まと》を狙《ねら》う	狙 狙 狙 狙 狙 狙 狙 狙
遡	遡	音 ソ 高 訓 さかのぼ(る)	14	辶	しんにょう しんにゅう	さかのぼる・流れにさからいのぼる	遡及《そきゅう》・遡源《そげん》・遡行《そこう》・遡上《そじょう》・川《かわ》を遡《さかのぼ》る	遡2 遡 遡5 遡 遡8 遡10 遡 遡 遡 遡
曽	—	音 ソウ ゾ 訓 —	11	曰	ひらび いわく	かつて・かさねる・かさなり	曽祖父《そうそふ》・曽祖母《そうそぼ》・曽孫《そうそん》・未曽有《みぞう》	曽2 曽 曽 曽 曽 曽 曽 曽 曽 曽
爽	—	音 ソウ 訓 さわ(やか)	11	大	だい	さわやか・すがすがしい・明らか・明るい	爽快《そうかい》・爽涼《そうりょう》・清爽《せいそう》・爽《さわ》やかな朝《あさ》	爽 爽 爽 爽 爽 爽 爽 爽9 爽 爽
痩	—	音 ソウ 高 訓 や(せる)	12	疒	やまいだれ	体がやせる・やせ細る・土地がやせる	痩身《そうしん》・痩《や》せ我慢《がまん》・土地《とち》が痩《や》せる	痩 痩 痩 痩 痩 痩 痩 痩9 痩 痩12
踪	—	音 ソウ 訓 —	15	𧾷	あしへん	あと・足あと・ゆくえ	踪跡《そうせき》・失踪《しっそう》	踪4 踪 踪 踪 踪 踪10 踪12 踪 踪 踪
捉	—	音 ソク 訓 とら(える)	10	扌	てへん	とらえる・つかまえる・つかむ・にぎる	把捉《はそく》・捕捉《ほそく》・観客《かんきゃく》の心《こころ》を捉《とら》える	捉 捉 捉 捉 捉 捉 捉 捉 捉 捉

ステップ 16

練習問題

1	/24
2	/10
3	/10
4	/24

月　日

1 次の——線の漢字の読みをひらがなで記せ。

1 曽祖父が創業した会社で働く。（　　）
2 動く標的を狙撃するゲームだ。（　　）
3 相手の意図を捕捉して行動する。（　　）
4 早起きして爽快な気分になる。（　　）
5 姉は背が高くて痩身だ。（　　）
6 川を遡上したアユを捕る。（　　）
7 事件後、犯人が失踪した。（　　）
8 特徴をよく捉えた似顔絵だ。（　　）
9 未曽有の危機を乗り切った。（　　）
10 的に狙いを定めて弓を引く。（　　）

11 過去十年まで遡って調べた。（　　）
12 健康的に痩せるために運動する。（　　）
13 幼い王子を擁して国を守る。（　　）
14 貝塚から古代の食生活を探る。（　　）
15 料亭で取引先の役員を接待する。（　　）
16 働きに見合う俸給が支払われる。（　　）
17 己の狭量さを反省する。（　　）
18 十分な訓練の後、初陣を迎える。（　　）
19 事業の負債を償却する。（　　）
20 手紙に償いの気持ちを込める。（　　）
21 僧が断食修行に入った。（　　）
22 父から小言を食らう。（　　）
23 剣術の秘奥をきわめる。（　　）
24 彼女は奥ゆかしい女性だ。（　　）

2 次の漢字の部首を記せ。

〈例〉菜 〔艹〕 間 〔門〕

1 狙（　）
2 遡（　）
3 曽（　）
4 爽（　）
5 痩（　）
6 踪（　）
7 捉（　）
8 戚（　）
9 煎（　）
10 膳（　）

3 次の――線のカタカナを漢字一字と送りがな（ひらがな）に直せ。

〈例〉問題にコタエル。（答える）

1 高原でサワヤカナ朝を迎える。（　）
2 ぼんやりと遠くの空をナガメル。（　）
3 独特の雰囲気をカモシ出す。（　）
4 まだ若くて経験にトボシイ。（　）
5 電車でお年寄りに席をユズル。（　）
6 進退キワマル状態になった。（　）
7 ミニクイ言い争いはやめよう。（　）
8 渡り鳥が水辺にイコウ。（　）
9 ミジメナ思いはしたくない。（　）
10 書類をタズサエて外出する。（　）

4 次の――線のカタカナを漢字に直せ。

1 **シッソウ**した友人を捜す。
2 彼女は文豪の**ソウソン**にあたる。
3 草原に**ソウリョウ**な風が吹く。
4 川をボートで**ソコウ**する。
5 県大会での入賞を**ネラ**う。
6 論文の文意を**ハソク**する。
7 **ヤ**せ我慢をする必要はない。
8 不満で**クチビル**をとがらせる。
9 社長が乾杯の**オンド**をとった。
10 いよいよ**ネング**の納め時だ。
11 作品の**コウセツ**を論じる。
12 株取引で大損害を**コウム**った。
13 **クサ**い物に蓋をする。
14 窓に**セジョウ**して外出する。
15 **タイダ**な生活を批判される。
16 彼は少し自信**カジョウ**のようだ。
17 **アイソ**笑いをしてごまかした。
18 **イキドオ**りを発して食を忘る。
19 会社の**イアン**旅行に参加する。
20 自分の選択に**コウカイ**はない。
21 雪の**ケッショウ**を観察する。
22 初出場で**ケッショウ**に進出する。
23 **ス**り傷を洗って消毒する。
24 文芸部の部誌を五十部**ス**る。

使い分けよう！ **ほそく【補足・捕捉】**

補足…例 補足して説明する（付け加えて補う）
捕捉…例 実態は捕捉しがたい・敵を捕捉する（つかまえる）

「補足」は「補い、足す」、「捕捉」は「捕まえ、捉える」と、それぞれの漢字の意味を考えて使い分けましょう。

ステップ17

漢字	許容字体	読み（音）	読み（訓）	画数	部首	部首名	漢字の意味	用例	筆順
遜	遜	ソン	—	14	辶	しんにょう・しんにゅう	へりくだる・劣る・ひけをとる・ゆずる	遜色《そんしょく》・謙遜《けんそん》・傲岸不遜《ごうがんふそん》・不遜《ふそん》	3, 7, 10
汰	—	タ	—	7	氵	さんずい	よりわける・水で洗って選びわける	音沙汰《おとさた》・表沙汰《おもてざた》・沙汰《さた》	
唾	—	ダ	つば	11	口	くちへん	つば・つばき・つばを吐く	唾液《だえき》・唾棄《だき》・生唾《なまつば》・眉唾物《まゆつばもの》・固唾《かたず》・天《てん》に唾《つば》する	2
堆	—	タイ	—	11	土	つちへん	うずたかい・積みあげる	堆金積玉《たいきんせききょく》・堆積《たいせき》・堆肥《たいひ》	10
戴	—	タイ	—	17	戈	ほこづくり・ほこがまえ	いただく・頭上に物をのせる・謹んでうける	戴冠《たいかん》・推戴《すいたい》・頂戴《ちょうだい》・披星戴月《ひせいたいげつ》	6, 9, 11, 14
誰	—	—	だれ	15	言	ごんべん	だれ・どの人	誰彼《だれかれ》	2, 4, 7, 14
旦	—	タン・ダン	—	5	日	ひ	あした・朝・明け方	旦夕《たんせき》・一旦《いったん》・元旦《がんたん》・歳旦《さいたん》・旦那《だんな》	

ステップ 17

練習問題

1 /24
2 /10
3 /8
4 /24

月　日

1 次の――線の漢字の読みをひらがなで記せ。

1 彼の命は旦夕に迫っている。
2 裏切りは唾棄すべき行為だ。
3 誰彼構わず話しかける。
4 正装して戴冠式に臨む。
5 表沙汰にしないで解決する。
6 土砂が川底に堆積する。
7 目上の人に不遜な態度をとるな。
8 ごちそうを見て生唾を飲み込む。
9 綿を紡いで糸を作る。
10 海峡の渦潮を見に行った。

11 始業十分前に予鈴が鳴る。
12 彼女は相当な愛猫家だ。
13 荒漠とした原野が広がる。
14 枯れ枝を集めて薪にする。
15 予防接種で免疫をつける。
16 紙幣を硬貨に両替してもらう。
17 必要且つ十分な条件を満たす。
18 雨靴を履いて出かける。
19 状況を端的に説明する。
20 ドラマに端役で出演する。
21 忌引きの届けを学校に出す。
22 忌み言葉は使わないようにする。
23 重量超過で追加料金を払う。
24 初日の来場者は千人を超えた。

2 次のAとBの漢字を一字ずつ組み合わせて二字の熟語を作れ。Bの漢字は一度だけ使うこと。また、AとBどちらの漢字が上でもよい。

A

1 星　2 遜　3 旦　4 践　5 爽
6 譲　7 都　8 付　9 軍　10 推

B

禅　霜　奨　歳　曹
遷　色　涼　箋　実

1（　）
2（　）
3（　）
4（　）
5（　）
6（　）
7（　）
8（　）
9（　）
10（　）

3 次の——線のカタカナを漢字に直せ。

1 家庭の生ごみから**タイヒ**を作る。
2 洪水のため高台に**タイヒ**する。
3 脳の**カソ**性について研究する。
4 故郷の町は**カソ**化が進んでいる。
5 **コウソ**審判決が不服で上告する。
6 **コウソ**の働きで消化が進む。
7 ススキの**ホ**が風にそよぐ。
8 **ホ**を上げて船が進む。

1（　）
2（　）
3（　）
4（　）
5（　）
6（　）
7（　）
8（　）

4 次の——線のカタカナを漢字に直せ。

1 記念品を**チョウダイ**する。
2 **ダエキ**には消化酵素が含まれる。
3 褒められて**ケンソン**する。
4 河口に土砂が**タイセキ**する。
5 ずいぶんご**ブサタ**しています。
6 **ガンタン**に初日の出を見た。
7 教室には**ダレ**もいなかった。
8 **カフク**はあざなえる縄のごとし。
9 **キョウキン**を開くのは難しい。
10 利益の**サクシュ**は許されない。
11 祭りで**カグラ**を舞う。
12 **ダラク**した生活から抜け出した。
13 鼻炎の**ショウジョウ**が見られる。
14 窃盗の現行犯で**タイホ**される。
15 **フゼイ**のある日本家屋に住む。
16 登山者が**セッケイ**を慎重に渡る。
17 **マドギワ**に立って外を眺める。
18 彼の**クチュウ**を察するべきだ。
19 家業のそば屋を次男が**ツ**ぐ。
20 幼い兄弟が**タワム**れている。
21 高原の**セイチョウ**な空気を吸う。
22 興味深い講演を**セイチョウ**する。
23 交渉は**アンショウ**に乗り上げた。
24 宮沢賢治の詩を**アンショウ**する。

熟語の組み立て方❺
▼上の漢字が下の漢字の意味を打ち消しているもの
（「不・未・非・無」などの漢字が上について、下の漢字の意味を打ち消す）
例 不遜・未遂・非常・無粋・無尽

ステップ18

漢字	綻	緻	酎	貼	嘲	捗	椎
許容字体	—	—	—	—	嘲	捗	—
読み	音 タン 訓 ほころ(びる)	音 チ 訓 —	音 チュウ 訓 —	音 チョウ 訓 は(る)	音 チョウ 訓 あざけ(る)	音 チョク 訓 —	音 ツイ 訓 —
画数	14	16	10	12	15	10	12
部首	糸	糸	酉	貝	口	扌	木
部首名	いとへん	いとへん	とりへん	かいへん	くちへん	てへん	きへん
漢字の意味	ほころびる・ほころぶ	きめこまかい・くわしい	濃い酒・雑穀などから造った蒸留酒の一種	はる・はりつける	あざ笑う・からかう	はかどる・仕事が順調に進む	ブナ科のシイ・物を打つ道具・背骨
用例	破綻《はたん》・破綻百出《はたんひゃくしゅつ》・綻《ほころ》びを繕《つくろ》う	緻密《ちみつ》・巧緻《こうち》・細緻《さいち》・精緻《せいち》	焼酎《しょうちゅう》	貼付《ちょうふ》《てんぷ》・貼用《ちょうよう》・貼《は》り薬《ぐすり》・切手《きって》を貼《は》る	嘲笑《ちょうしょう》・嘲罵《ちょうば》・嘲弄《ちょうろう》・自嘲《じちょう》・人《ひと》の失敗《しっぱい》を嘲《あざけ》る	進捗《しんちょく》	椎間板《ついかんばん》・胸椎《きょうつい》・脊椎《せきつい》・腰椎《ようつい》
筆順	綻 綻3 綻 綻6 綻9 綻 綻 綻 綻 綻	緻6 緻 緻 緻 緻 緻 緻 緻14 緻 緻	酎 酎 酎 酎 酎 酎 酎 酎 酎 酎	貼 貼 貼4 貼 貼7 貼 貼 貼 貼 貼	嘲3 嘲 嘲 嘲 嘲 嘲9 嘲 嘲 嘲13 嘲15	捗 捗 捗 捗 捗 捗 捗 捗 捗 捗	椎2 椎4 椎 椎 椎 椎 椎 椎 椎 椎

ステップ 18

練習問題

1	／24
2	／8
3	／20
4	／24

月　日

1 次の――線の漢字の読みをひらがなで記せ。

1 申請書に領収書を貼付する。
2 彼の分析は精緻を極めていた。
3 自嘲するような笑みを浮かべる。
4 椎間板ヘルニアの手術を受けた。
5 現場監督に工事の進捗を尋ねる。
6 青梅を焼酎に漬け込む。
7 景気低迷で金融機関が破綻した。
8 人の失敗を嘲るべきではない。
9 封筒に切手を貼って投かんする。
10 セーターの袖が綻びている。
11 市民が町の広場に憩う。
12 天下の逸品を披露する。
13 台風の災禍に見舞われる。
14 叔父の扶助を受けて就学する。
15 双方譲らず事態は紛糾した。
16 野原を秋の草花が彩っている。
17 道の傍らに白い花が咲く。
18 煩わしい手続きを簡素化する。
19 縄文時代の石器が出土した。
20 泥縄式の勉強では身につかない。
21 入り口の呼び鈴を押して待つ。
22 聖夜に鈴の音が聞こえる。
23 主治医に診断書を書いてもらう。
24 病室を回って患者を診る。

2 次の――線のカタカナを漢字に直せ。

1 **コウチ**を極めた芸術品をめでる。（　　）
2 **コウチ**は拙速にしかず。（　　）
3 **キャクイン**を踏んだ詩を作る。（　　）
4 大学の**キャクイン**研究員となる。（　　）
5 部下を**カイジュウ**する。（　　）
6 **カイジュウ**映画を見に行く。（　　）
7 彼女は自己**ケンジ**欲の塊だ。（　　）
8 憲法の理念を**ケンジ**する。（　　）

3 次の漢字の右の（　）には音読みを、左の（　）には訓読みをひらがなで記せ。

1 馬脚（　　）
2 馬子（　　）
3 和尚（　　）
4 和（　　）らぐ
5 契機（　　）
6 契（　　）る
7 臭気（　　）
8 泥臭（　　）い
9 支障（　　）
10 障（　　）る
11 委譲（　　）
12 譲（　　）る
13 拡充（　　）
14 充（　　）てる
15 赦免（　　）
16 免（　　）れる
17 伴奏（　　）
18 奏（　　）でる
19 鼓吹（　　）
20 鼓（　　）

4 次の——線のカタカナを漢字に直せ。

1 業務のシンチョク状況を伝える。

2 ショウチュウは蒸留酒の一種だ。

3 相手の論理のハタンを指摘する。

4 人間はセキツイ動物に属する。

5 履歴書に写真をチョウフする。

6 世間のチョウショウに耐える。

7 チミツな作業計画を立てた。

8 友人宅にイソウロウしている。

9 景気回復のキザしが見え始めた。

10 港にカンテイが集結している。

11 リョウテイの板前として働く。

12 交渉決裂をイカンに思う。

13 実験器具をシャフツ消毒する。

14 ショウコりもなく夜遊びをする。

15 復興支援の軍がチュウトンする。

16 政争で大臣がコウテツされた。

17 批判に対してイッシを報いる。

18 給料日前でフトコロがさびしい。

19 切れ味の悪い包丁のハを研いだ。

20 ハを食いしばって走り続ける。

21 職員をユシ解雇にする。

22 動物性ユシの使用を減らす。

23 旅行にテンジョウ員が同行する。

24 テンジョウ裏で物音がした。

破綻百出（はたんひゃくしゅつ）

【意味】言動がいいかげんで、次々に欠点を見せてしまうこと

「破綻」は「布が破れほころぶこと」、「百出」は「数多く出ること」を表し、「破綻」が「百出」するで、上の二字と下の二字が主語と述語の関係になっています。

力だめし

第3回

総得点 ／100

評価 A 80点 B 75点 C 70点 D 60点 E

月　日

1 次の――線の漢字の読みをひらがなで記せ。　1×10 ／10

1 バターを湯煎で溶かす。
2 梅の花に春の息吹を感じる。
3 早起きして爽快な気分になる。
4 謙遜し過ぎると嫌味になる。
5 畑に施す堆肥を作る。
6 凄惨な事故が報道された。
7 敵地からの逃亡を謀る。
8 誰に対しても穏やかに接した。
9 子犬が戯れる様子に和む。
10 巧緻なパズルを組み立てる。

2 次の――線のカタカナにあてはまる漢字をそれぞれのア～オから一つ選び、記号で記せ。　1×10 ／10

1 **ダ**眠をむさぼる息子にあきれる。
2 **ダ**文ですが、ご一読ください。
3 **ダ**棄すべき卑劣な方法だった。
（ア惰　イ唾　ウ打　エ堕　オ駄）

4 **セン**状地に果樹園を作る。
5 他人の過去を**セン**索するな。
6 白い便**セン**に手紙を書く。
（ア線　イ旋　ウ詮　エ箋　オ扇）

7 病**ソウ**は全て摘出した。
8 エアコンの清**ソウ**をする。
9 防火用の水**ソウ**を用意する。
10 **ソウ**祖母から戦時中の話を聞く。
（ア曽　イ槽　ウ曹　エ巣　オ掃）

3 次の——線のカタカナを漢字一字と送りがな（ひらがな）に直せ。

〈例〉問題に**コタエル**。（答える）

2×10 ／20

1 一人暮らしに**アコガレル**。（　）
2 **マカナイ**付きのアルバイトをする。（　）
3 これは世を**シノブ**仮の姿だ。（　）
4 **シブイ**お茶に顔をしかめる。（　）
5 将軍に宝剣を**ミツグ**。（　）
6 地域のボランティアを**ツノル**。（　）
7 唇を水で**シメラ**せてから話す。（　）
8 業績があまり**カンバシク**ない。（　）
9 植民地の領民を**シイタゲル**。（　）
10 **オオセ**のとおりにいたします。（　）

4 次の漢字と反対または対応する意味を表す漢字を、後の□の中から選んで（　）に入れ、熟語を作れ。□の中の漢字は一度だけ使うこと。

1×10 ／10

1 去（　）
2 親（　）
3 旦（　）
4 因（　）
5 及（　）
6 向（　）
7 長（　）
8 順（　）
9 存（　）
10 贈（　）

果　逆　就　疎　夕　答　背　亡　幼　落

5

次の各文にまちがって使われている同じ読みの漢字が一字ある。上に誤字を、下に正しい漢字を記せ。

2×5 /10

誤 正

1 高名な指揮者による混切な指導を受けて、私たち楽団員はめきめきと腕を上げた。（　）（　）

2 市民からの通報を得て、被疑者を捕促するため、捜査員が潜伏先へ向かった。（　）（　）

3 試行錯誤の末、システムの架働率を高めることで組織の利益向上を図った。（　）（　）

4 自宅から徒歩圏内にある大型商業施設で、昆虫飼育キットを控入した。（　）（　）

5 火災の通報で出動し、消火線のそばにポンプ車を止めて、火元に向かって放水した。（　）（　）

6

後の［　］の中の語を必ず一度だけ使って漢字に直し、対義語・類義語を記せ。

2×10 /20

対義語

1 催眠―（　）

2 褒賞―（　）

3 決裂―（　）

4 概略―（　）

5 枯渇―（　）

類義語

6 折衝―（　）

7 辛苦―（　）

8 祝福―（　）

9 順次―（　）

10 道徳―（　）

いさい・かくせい・けいが・こうしょう・じゅんたく・だけつ・ちくじ・ちょうばつ・なんぎ・りんり

7 次の1～5の意味にあてはまる四字熟語をア～オから一つ選び、記号で記せ。

2×5 ／10

1 何もしないで、ただぶらぶらと日を過ごすこと。（　）

2 次から次に矛盾や欠点が現れること。（　）

3 辺りかまわず大声で歌うこと。（　）

4 偉そうな口をきくこと。（　）

5 万物が変化し続けること。（　）

ア 生生流転　イ 大言壮語
ウ 破綻百出　エ 放歌高吟
オ 無為徒食

8 次の——線のカタカナを漢字に直せ。

1×10 ／10

1 山の**スソノ**に森が広がる。（　）

2 成功者に**センボウ**の目を向ける。（　）

3 評判の**ソウシン**術で減量する。（　）

4 幾度もの**ザセツ**から立ち直った。（　）

5 **アマグツ**についた泥を落とす。（　）

6 丈夫で**カ**つ安い服が欲しい。（　）

7 班ごとに給食を**ハイゼン**する。（　）

8 **キシュ**が馬と一体となって走る。（　）

9 旧弊を**フッショク**したい。（　）

10 笑うと**メジリ**にしわが寄った。（　）

漢字	爪	鶴	諦	溺	塡	妬	賭
許容字体	—	—	—	溺	填	—	賭
読み	音 — 訓 つめ つま	音 — 訓 つる	音 テイ 訓 あきら(める)	音 デキ 訓 おぼ(れる)	音 テン 訓 —	音 ト 訓 ねた(む)	音 ト 高 訓 か(ける)
画数	4	21	16	13	13	8	16
部首	爪	鳥	言	氵	土	女	貝
部首名	つめ	とり	ごんべん	さんずい	つちへん	おんなへん	かいへん
漢字の意味	つめ・手足のつめ・つめの形をしたもの	鳥類のツル	あきらめる・明らか・つまびらか・真理	水におぼれる・心を奪われる・夢中になる	ふさぐ・うずめる・はめる・満たす	ねたむ・そねむ・やく	かける・かけをする・かけごと・ばくち
用例	爪痕《つめあと》・生爪《なまづめ》・深爪《ふかづめ》・爪先《つまさき》・爪弾《つまび》く	折《お》り鶴《づる》・千羽鶴《せんばづる》・鶴《つる》の一声《ひとこえ》・鶴《つる》は千年亀《せんねんかめ》は万年《まんねん》	諦観《ていかん》・諦念《ていねん》・熱願冷諦《ねつがんれいてい》・要諦《ようてい》・諦《あきら》めない心《こころ》	溺愛《できあい》・溺死《できし》・没溺《ぼってき》・惑溺《わくでき》・策《さく》に溺《おぼ》れる	塡塞《てんそく》・塡補《てんぽ》・充塡《じゅうてん》・精衛塡海《せいえいてんかい》・装塡《そうてん》・補塡《ほてん》	妬心《としん》・嫉妬《しっと》・人《ひと》の幸運《こううん》を妬《ねた》む	賭場《とば》・賭博《とばく》・賭《か》け事《ごと》・賭《か》けに勝《か》つ
筆順	爪 爪 爪 爪	鶴2 鶴4 鶴 鶴 鶴 鶴10 鶴12 鶴15 鶴17 鶴21	諦4 諦7 諦 諦 諦11 諦 諦 諦 諦 諦	溺3 溺 溺 溺 溺 溺 溺 溺 溺 溺13	塡 塡 塡 塡 塡 塡 塡 塡10 塡 塡13	妬 妬 妬 妬 妬 妬 妬 妬	賭5 賭7 賭 賭 賭 賭 賭 賭 賭 賭16

練習問題

1	/24
2	/6
3	/5
4	/24

月　日

1 次の――線の漢字の読みをひらがなで記せ。

1 隣の老夫婦は孫を溺愛している。
2 主役を演じる後輩に妬心を抱く。
3 お見舞いに行き、千羽鶴を渡す。
4 小指をぶつけて生爪をはがした。
5 修行を重ねて諦念に至る。
6 賭博の現場に刑事が踏み込む。
7 ライフルに弾丸を装塡する。
8 他人を妬まず穏やかに生きたい。
9 熱が出たので外出を諦める。
10 溺れた人が無事に救助された。
11 賭け事には手を出さない主義だ。
12 兄がゆったりとギターを爪弾く。
13 緑滴る草原にたたずむ。
14 弊社の商品をお送りします。
15 抹茶と和菓子をいただく。
16 父に倣って早起きをする。
17 公僕としての自覚を持って働く。
18 愉快に一日を過ごした。
19 多くの志士が凶刃に倒れた。
20 ナイフの刃先が欠けた。
21 激甚な競争をくぐり抜けてきた。
22 入賞を逃して甚だ残念だ。
23 手紙の返事を辛抱強く待つ。
24 母は甘辛い味が好みだ。

2 次の〔　〕から類義語の関係になる組み合わせを一組選び、記号で記せ。

1 〔ア 傘下　イ 賞賛　ウ 翼下　エ 翼賛〕（　・　）
2 〔ア 縁者　イ 親戚　ウ 祖先　エ 隣人〕（　・　）
3 〔ア 困窮　イ 貧富　ウ 困惑　エ 貧苦〕（　・　）
4 〔ア 睡眠　イ 安眠　ウ 熟睡　エ 熟練〕（　・　）
5 〔ア 家長　イ 長者　ウ 豪傑　エ 富豪〕（　・　）
6 〔ア 傾倒　イ 介助　ウ 面倒　エ 厄介〕（　・　）

3 次の四字熟語の読みをひらがなで記せ。また、その意味をア〜オから選び、記号を記せ。

		読み	意味
1	周知徹底	（　）	（　）
2	熱願冷諦	（　）	（　）
3	酔生夢死	（　）	（　）
4	天衣無縫	（　）	（　）
5	会者定離	（　）	（　）

ア 作品に不自然なところがなく欠点が全く見いだせないこと。
イ 情報を広く且つ確実に行き渡らせること。
ウ この世は無常であることのたとえ。
エ 強く願い求めることと冷静に本質を見つめること。
オ 何をするでもなく一生を終えること。

4 次の――線のカタカナを漢字に直せ。

1 人生を**テイカン**するには若い。（　　）
2 強い**シット**の念に駆られた。（　　）
3 伸びた**ツメ**をやすりで整えた。（　　）
4 子会社の赤字を**ホテン**した。（　　）
5 波にのまれて**オボ**れかける。（　　）
6 **ツル**の一声で話がまとまった。（　　）
7 ここ一番の**カ**けに勝つ。（　　）
8 今となっては知る**ヨシ**もない。（　　）
9 **ウヤウヤ**しい態度で接客する。（　　）
10 文章中に**カッコ**で注記する。（　　）
11 犬がうなって**イカク**した。（　　）
12 連敗して**ミジ**めな思いをする。（　　）
13 休憩中に**カン**コーヒーを飲んだ。（　　）
14 店内は**カンサン**としていた。（　　）
15 サギが**ヒガタ**で貝をとる。（　　）
16 食べ物の好き**キラ**いをしない。（　　）
17 刑事が容疑者を**キツモン**する。（　　）
18 **カンカツ**区域の変更があった。（　　）
19 **イロウ**のないように手配する。（　　）
20 長く勤めた社員を**イロウ**する。（　　）
21 実行するのは時期**ショウソウ**だ。（　　）
22 本番前には**ショウソウ**感が募る。（　　）
23 茶の木を**サ**し木で殖やす。（　　）
24 ハチに**サ**されて痛い。（　　）

使い分けよう! **かける【掛・懸・架・賭】**

掛…例 腰を掛ける・壁掛け（上に置く・ぶら下げる）
懸…例 命を懸ける・優勝を懸けた試合（託す）
架…例 鉄橋を架ける・電線を架ける（一方から他方へ差しわたす）
賭…例 大金を賭ける・賭けに負ける（金品を賞として争う）

ステップ 20

	藤	瞳	頓	貪	丼	那
漢字	藤	瞳	頓	貪	丼	那
許容字体	—	—	—	—	—	—
読み	音 トウ 訓 ふじ	音 ドウ 訓 ひとみ	音 トン 訓 —	音 ドン 訓 むさぼ(る)	音 — 訓 どんぶり どん	音 ナ 訓 —
画数	18	17	13	11	5	7
部首	艹	目	頁	貝	丶	阝
部首名	くさかんむり	めへん	おおがい	かい こがい	てん	おおざと
漢字の意味	マメ科のフジ・カズラ(つる草の総称)	ひとみ	ぬかずく・とどまる・急に・ととのえる	むさぼる・よくばる	どんぶりばち	なんぞ・いかんぞ・どこ・どれ
用例	藤花《とうか》・葛藤《かっとう》・藤色《ふじいろ》・藤棚《ふじだな》	瞳孔《どうこう》・瞳子《どうし》・黒《くろ》い瞳《ひとみ》	頓首再拝《とんしゅさいはい》・頓知《とんち》・頓服《とんぷく》・整頓《せいとん》・停頓《ていとん》・抑揚頓挫《よくようとんざ》	貪欲《どんよく》・惰眠《だみん》を貪《むさぼ》る・貪《むさぼ》るように本《ほん》を読《よ》む	丼勘定《どんぶりかんじょう》・丼鉢《どんぶりばち》・丼飯《どんぶりめし》・牛丼《ぎゅうどん》・天丼《てんどん》	那落《ならく》・刹那《せつな》・旦那《だんな》
筆順	藤 3 藤 5 藤 7 藤 9 藤 11 藤 13 藤 藤 藤 藤 18	瞳 2 瞳 5 瞳 瞳 瞳 9 瞳 瞳 12 瞳 14 瞳 瞳 17	頓 頓 頓 頓 頓 頓 頓 頓 11 頓 13	貪 貪 貪 4 貪 貪 貪 貪 貪 貪 貪	丼 丼 丼 丼 丼	那 那 那 那 那 那 那

ステップ20

練習問題

月　日

1	/24
2	/10
3	/10
4	/24

1 次の――線の漢字の読みをひらがなで記せ。

1 旦那と一緒に出かける。（　　）
2 心に葛藤が生じる。（　　）
3 瞳孔を広げる目薬をさす。（　　）
4 机の上をいつも整頓しておく。（　　）
5 弟は夕食に丼飯を三杯食べた。（　　）
6 知識を貪欲に吸収していく。（　　）
7 青い瞳の西洋人形を贈った。（　　）
8 薄紫色の藤の花が美しく咲く。（　　）
9 エビが三本入った天丼を食べた。（　　）
10 庶民の暮らしを大切にする。（　　）
11 送られてきた書簡を披見する。（　　）
12 古代日本には言霊信仰があった。（　　）
13 瀬戸際になって勉強を始める。（　　）
14 地下水が出て工事が難渋した。（　　）
15 彼は英雄を崇拝している。（　　）
16 内緒の話もここでは筒抜けだ。（　　）
17 俊敏な動きに目を奪われる。（　　）
18 経済が漸次回復の様相を呈する。（　　）
19 知人の急逝の報に言葉を失う。（　　）
20 容態が急変して逝ってしまった。（　　）
21 誓願を立てて修道院に入る。（　　）
22 二人は将来を誓い合った仲だ。（　　）
23 文明から隔絶された地へ行く。（　　）
24 川を隔てて大声で話す。（　　）

2 次の漢字の部首と部首名を記せ。部首名が二つ以上あるものは、そのいずれか一つを記せばよい。

	部首	部首名
1 藤	（　）	（　）
2 瞳	（　）	（　）
3 朴	（　）	（　）
4 頓	（　）	（　）
5 貪	（　）	（　）
6 丼	（　）	（　）
7 那	（　）	（　）
8 酎	（　）	（　）
9 鶴	（　）	（　）
10 諧	（　）	（　）

3 次の――線のカタカナを漢字一字と送りがな（ひらがな）に直せ。

〈例〉問題にコタエル。（答える）

1 一分一秒の時間がオシイ。（　）
2 毎食後、丁寧に歯をミガク。（　）
3 経年劣化で橋がクズレル。（　）
4 目をウルマせて訴える。（　）
5 他業種への進出をクワダテル。（　）
6 ムサボルように本を読む。（　）
7 難問を前に頭をカカエル。（　）
8 口が軽くて同僚からウトマれる。（　）
9 本人ナラビニ保証人が署名する。（　）
10 紅葉が山を美しくイロドル。（　）

4 次の——線のカタカナを漢字に直せ。

1 親子間の**カットウ**に悩まされる。（　　）
2 **セツナ**的な生き方を反省する。（　　）
3 彼は仕事に対して**ドンヨク**だ。（　　）
4 **ドンブリバチ**にご飯をよそう。（　　）
5 材料不足で生産が**テイトン**する。（　　）
6 少年の**ヒトミ**が明るく輝く。（　　）
7 未来を若者たちに**タク**す。（　　）
8 領主に**ミツ**ぎ物を持参した。（　　）
9 庭に梅の**ナエギ**を植える。（　　）
10 彼は**ドタンバ**で逃げ出した。（　　）
11 将軍と**ショコウ**は主従関係だ。（　　）
12 過ちを認めて**イサギヨ**く謝った。（　　）
13 **キュウリョウ**地帯に茶畑がある。（　　）
14 **キュウヨ**の策として変装した。（　　）
15 王に宝物を**ケンジョウ**した。（　　）
16 **ソソノカ**されて学業を怠る。（　　）
17 勲記には**コクジ**を押す。（　　）
18 **ウブギ**を用意して誕生を待つ。（　　）
19 大雨で床上まで**シンスイ**する。（　　）
20 モネの絵画に**シンスイ**していた。（　　）
21 早期退職を**カンショウ**する。（　　）
22 音楽を聞き**カンショウ**にひたる。（　　）
23 **フ**けゆく秋の夜を楽しむ。（　　）
24 実年齢よりも**フ**けて見られる。（　　）

対義語❶
Q…次の□に漢字を入れて対義語を完成せよ。
①無欲 ⇕ □《どん》欲　②尊宅 ⇕ □《せっ》宅
A…①貪　②拙　①②とも上の字が対応していて下の字が共通のものです。

漢字	許容字体	読み	画数	部首	部首名	漢字の意味	用例	筆順
謎	謎	音 —— 訓 なぞ	17	言	ごんべん	不思議なこと・なぞなぞ・隠語	謎《なぞ》掛《か》け・謎《なぞ》解《と》き・謎《なぞ》めく	謎 4 謎 7 謎 9 謎 謎 謎 13 謎 謎 謎 謎
鍋	—	音 —— 訓 なべ	17	金	かねへん	なべ・炊事に用いる器	鍋釜《なべかま》・鍋底《なべぞこ》・鍋物《なべもの》・鍋料理《なべりょうり》・手鍋《てなべ》・土鍋《どなべ》・夜鍋《よなべ》	鍋 4 鍋 鍋 8 鍋 鍋 鍋 鍋 鍋 鍋 鍋 17
匂	—	音 —— 訓 にお(う)	4	勹	つつみがまえ	におう・よいかおりがする・におい	匂《にお》い袋《ぶくろ》・花《はな》が匂《にお》う	匂 匂 匂 匂
虹	—	音 —— 訓 にじ	9	虫	むしへん	にじ	虹色《にじいろ》・虹《にじ》が架《か》かる	虹 虹 虹 虹 虹 虹 虹 虹 虹
捻	—	音 ネン 訓 ——	11	扌	てへん	ねじる・ひねる・よじる	捻挫《ねんざ》・捻出《ねんしゅつ》・捻転《ねんてん》・腸捻転《ちょうねんてん》	捻 捻 捻 捻 5 捻 捻 捻 捻 捻 捻
罵	—	音 バ 訓 ののし(る)	15	罒	あみがしら あみめ よこめ	ののしる・口ぎたなくけなす	罵声《ばせい》・罵倒《ばとう》・悪罵《あくば》・嘲罵《ちょうば》・冷嘲熱罵《れいちょうねつば》・口汚《くちぎたな》く罵《ののし》る	罵 罵 罵 4 罵 罵 罵 罵 罵 10 罵 罵 15

ステップ 21

練習問題

1	/24
2	/10
3	/6
4	/24

月　日

1 次の――線の漢字の読みをひらがなで記せ。

1 腸捻転で血行障害を起こした。（　）
2 公衆の面前で激しく罵倒された。（　）
3 名探偵が事件の謎を解明した。（　）
4 雨上がりの空に虹が架かった。（　）
5 彼女は匂い立つような美人だ。（　）
6 仲間と寄せ鍋を食べる。（　）
7 罵り合うのはよくない。（　）
8 家族で梨狩りに行った。（　）
9 不祥事が続き、監督を更迭する。（　）
10 式に主賓として招かれる。（　）
11 師匠からの褒め言葉に感激した。（　）
12 円がユーロに対して急騰した。（　）
13 敵の奇策にまんまと欺かれた。（　）
14 初々しい純真さが感じられる。（　）
15 世の安寧秩序を保つ。（　）
16 次代を担う若者に期待する。（　）
17 先祖代々の系譜をたどる。（　）
18 衷心よりおわび申し上げます。（　）
19 推薦での入学を志願している。（　）
20 先生に薦められた小説を読む。（　）
21 発病までに潜伏期間がある。（　）
22 物陰に身を潜める。（　）
23 胸襟を開いて話し合う。（　）
24 襟元にバッジを付ける。（　）

2 熟語の構成のしかたには次のようなものがある。

ア 同じような意味の漢字を重ねたもの（岩石）
イ 反対または対応の意味を表す字を重ねたもの（高低）
ウ 上の字が下の字を修飾しているもの（洋画）
エ 下の字が上の字の目的語・補語になっているもの（着席）
オ 上の字が下の字の意味を打ち消しているもの（非常）

次の熟語は右のア〜オのどれにあたるか、一つ選び、記号で記せ。

1 慶弔（　）
2 疾患（　）
3 雪渓（　）
4 未熟（　）
5 上棟（　）
6 舌禍（　）
7 献呈（　）
8 罷業（　）
9 搭乗（　）
10 捻出（　）

3 文の意味に合う漢字をa・bから選び、記号で記せ。

1 事故の損害を〔a塡補　b転補〕する。（　）
2 勝敗は選手の〔a壮健　b双肩〕にかかる。（　）
3 柱に〔a精緻　b精知〕な細工が施されている。（　）
4 宇宙飛行士が地球に〔a帰還　b器官〕する。（　）
5 〔a猛獣　b盲従〕が動物園から逃げ出す。（　）
6 バラのいい〔a臭　b匂〕いが辺りに漂う。（　）

4 次の――線のカタカナを漢字に直せ。

1 ネンザした足首を湿布で冷やす。
2 七色の大きなニジを見上げた。
3 会場にはバセイが飛び交った。
4 彼の素性はナゾに包まれている。
5 たもとにニオい袋を忍ばせる。
6 圧力ナベで赤飯を炊いた。
7 肉のカタマリをオーブンで焼く。
8 イまわしい思い出は忘れたい。
9 劇場のマスセキに招待された。
10 ソウゴンな音楽が鳴り響く。
11 完成のアカツキには進呈します。
12 失敗して自己ケンオに陥る。
13 汽笛がキョウシュウを誘った。
14 シャーレで菌をバイヨウする。
15 あえて強い相手にイドむ。
16 茶器をテイネイに取り扱う。
17 ボンノウの数だけ鐘をつく。
18 六日のあやめ、十日のキク。
19 新しい教育理論をジッセンする。
20 練習試合でジッセン経験を積む。
21 業界にセンプウを巻き起こす。
22 暑くてセンプウ機を回した。
23 電話のカセン工事を行う。
24 カセン敷で花火大会が開かれた。

対義語❷
Q…次の□に漢字を入れて対義語を完成せよ。
①粗雑⇕□《ち》密　②激賞⇕□《ば》倒
A…①緻　②罵　①は二語の上下の字の意味がそれぞれ対応しているもの、②は上下とも字の意味が対応していないものです。

ステップ22

漢字	許容字体	読み	画数	部首	部首名	漢字の意味	用例
剝	剥	音 ハク 訓 は(がす) は(ぐ) は(がれる) は(げる)	10	刂	りっとう	はぐ・はぎとる・むく・はがれる・むける	剝製《はくせい》・剝奪《はくだつ》・剝落《はくらく》・剝離《はくり》・シールを剝《は》がす
箸	箸	音 — 訓 はし	15	⺮	たけかんむり	食事用のはし	箸《はし》置《お》き・箸休《はしやす》め・菜箸《さいばし》・塗《ぬ》り箸《ばし》・火箸《ひばし》・割《わ》り箸《ばし》
氾	—	音 ハン 訓 —	5	氵	さんずい	ひろがる・あふれる・ひろい・ただよう	氾愛兼利《はんあいけんり》・氾濫《はんらん》
汎	—	音 ハン 訓 —	6	氵	さんずい	広く行き渡る・ただよう・うかぶ・あふれる	汎愛《はんあい》・汎称《はんしょう》・汎用《はんよう》・汎用性《はんようせい》・汎濫《はんらん》・汎論《はんろん》・広汎《こうはん》
斑	—	音 ハン 訓 —	12	文	ぶん	まだら・ぶち・むら・色がまじるさま	斑点《はんてん》・斑文《はんもん》・紅斑《こうはん》・紫斑《しはん》・白斑《はくはん》
眉	—	音 ビ ミ 高 訓 まゆ	9	目	め	まゆ・まゆげ・へり・ふち	眉目秀麗《びもくしゅうれい》・愁眉《しゅうび》・焦眉《しょうび》・白眉《はくび》・眉間《みけん》・眉毛《まゆげ》

筆順

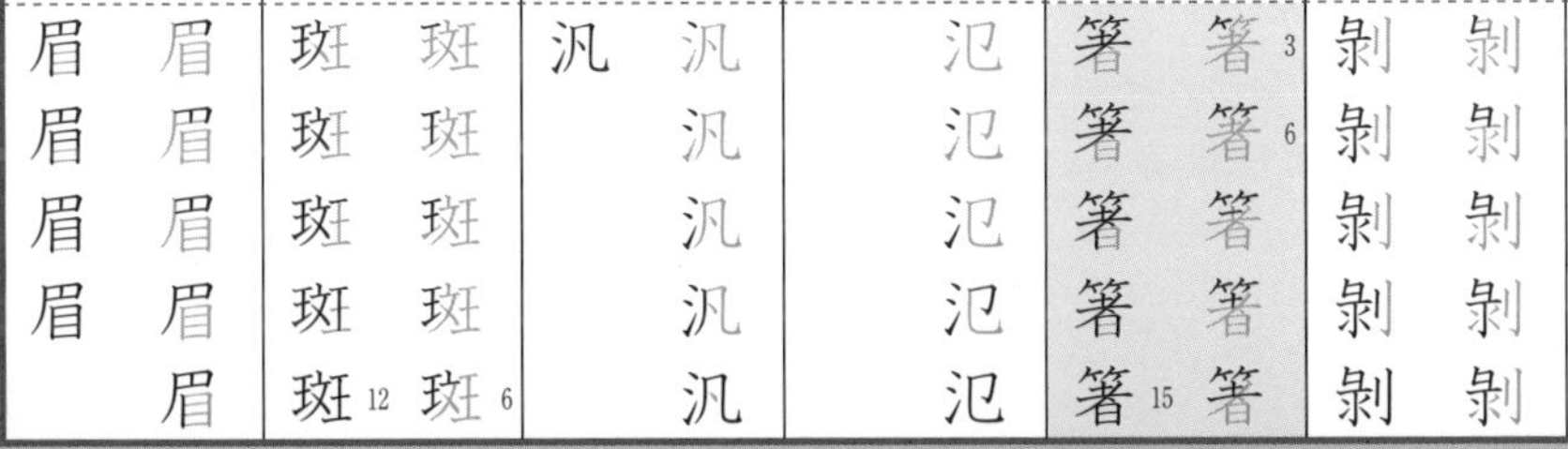

ステップ22

練習問題

1	/24
2	/20
3	/10
4	/24

月　日

1 次の――線の漢字の読みをひらがなで記せ。

1 河川の護岸工事が焦眉の急だ。（　　）
2 規定違反で資格を剝奪される。（　　）
3 白菜に黒い斑点が発生した。（　　）
4 このシステムは汎用性が高い。（　　）
5 いいかげんな情報が氾濫する。（　　）
6 好きなものから先に箸をつける。（　　）
7 表面の塗装が剝げて腐食した。（　　）
8 奈落の底からはい上がる。（　　）
9 生命保険の約款を読む。（　　）
10 どこの店も閑古鳥が鳴いている。（　　）

11 パンにバターを満遍なく塗った。（　　）
12 飛び交う蛍が幻想的な光を放つ。（　　）
13 未来の生活を擬似体験する。（　　）
14 値段と中身が釣り合っている。（　　）
15 功績が認められて褒賞をもらう。（　　）
16 気が進まず返事を渋っている。（　　）
17 机を挟んで向かい合って座った。（　　）
18 鉄製の門扉を取り付ける。（　　）
19 疎漏なく任務をやり遂げた。（　　）
20 思い出すのも疎ましい出来事だ。（　　）
21 講義には興味深い挿話もあった。（　　）
22 切り花を花瓶に挿していく。（　　）
23 一時的に記憶を喪失した。（　　）
24 祖父の喪に服する。（　　）

2 次の漢字の右の（　）には音読みを、左の（　）には訓読みをひらがなで記せ。

1 供物（　）
2 供（　）える
3 老翁（　）
4 老（　）ける
5 弦楽（　）
6 弓弦（　）
7 詰問（　）
8 詰（　）まる
9 比肩（　）
10 肩幅（　）

11 窮迫（　）
12 窮（　）める
13 藤花（　）
14 藤色（　）
15 矯激（　）
16 矯（　）める
17 懐古（　）
18 懐（　）く
19 祝儀（　）
20 祝（　）う

3 次の四字熟語について、問1と問2に答えよ。

問1 次の四字熟語の（　）に入る適切な語を後の［　］の中から選び、漢字二字で記せ。

ア 眉目（1　）
イ 昼夜（2　）
ウ （3　）扇動
エ 外柔（4　）
オ 朝令（5　）
カ 綱紀（6　）

きょうさ・けんこう・しゅうれい・しゅくせい・ないごう・ぼかい

問2 次の7〜10の意味にあてはまるものを問1のア〜カの四字熟語から一つ選び、記号で記せ。

7 法律や規則が頻繁にかわること。（　）
8 容貌《ようぼう》が端正なこと。（　）
9 悪事を働くようにけしかけること。（　）
10 国の規則や秩序を整え不正をなくすこと。（　）

4 次の――線のカタカナを漢字に直せ。

1 鹿の**ハクセイ**が展示されていた。（　　）
2 大雨で河川が**ハンラン**する。（　　）
3 肌がかぶれて**コウハン**が出た。（　　）
4 **サイバシ**で料理を取り分ける。（　　）
5 **ハンヨウ**性の高い商品だ。（　　）
6 **ミケン**にしわを寄せて考え込む。（　　）
7 困難に**ユウカン**に立ち向かう。（　　）
8 海外旅行を**マンキツ**する。（　　）
9 彼女は**フウキ**な家の出身だ。（　　）
10 **クウバク**とした荒野が広がる。（　　）
11 **ヨ**い止めの薬を飲む。（　　）
12 役員会に**ゼンショ**を求める。（　　）

13 住宅の売買**ケイヤク**を結ぶ。（　　）
14 生物の実験で**カイボウ**をした。（　　）
15 後援者探しに**キョウホン**する。（　　）
16 **マユ**に唾をつける。（　　）
17 山頂からの眺めは**ソウカン**だ。（　　）
18 新しい雑誌が**ソウカン**される。（　　）
19 国連事務**ソウチョウ**が会見した。（　　）
20 **ソウチョウ**な雰囲気に包まれる。（　　）
21 機械の**ソウサ**方法を覚える。（　　）
22 刑事が事件の**ソウサ**をする。（　　）
23 前例に**ナラ**って処理する。（　　）
24 三歳からピアノを**ナラ**っている。（　　）

部首を間違えやすい漢字 斑・羨・塞

Q…次の漢字の部首は？ ①斑 ②羨 ③塞

A…①「文(ぶん)」 ②「羊(ひつじ)」 ③「土(つち)」

①は「王(おうへん・たまへん)」、②は「氵(さんずい)」、③は「宀(うかんむり)」と間違えないようにしましょう。

漢字	許容字体	読み	画数	部首	部首名	漢字の意味	用例	筆順
膝	—	音 — 訓 ひざ	15	月	にくづき	ひざ・ひざがしら	膝掛《ひざか》け・膝頭《ひざがしら》・膝詰《ひざづ》め・膝枕《ひざまくら》・膝《ひざ》を打《う》つ	膝(4) 膝 膝 膝(8) 膝 膝 膝 膝 膝 膝(15)
肘	—	音 — 訓 ひじ	7	月	にくづき	ひじ	肘掛《ひじか》け・肘鉄砲《ひじてっぽう》・肘枕《ひじまくら》・肩肘《かたひじ》	肘 肘 肘 肘 肘 肘 肘
訃	—	音 フ 訓 —	9	言	ごんべん	死亡を知らせる・人の死の知らせ	訃音《ふいん》・訃告《ふこく》・訃報《ふほう》	訃 訃 訃 訃 訃 訃 訃 訃 訃
蔽	蔽	音 ヘイ 訓 —	15	艹	くさかんむり	おおう・おおいかくす・おおい	蔽遮《へいしゃ》・隠蔽《いんぺい》・建蔽率《けんぺいりつ》・遮蔽《しゃへい》	蔽(3) 蔽 蔽(6) 蔽(8) 蔽 蔽 蔽 蔽(13) 蔽 蔽
餅	餅	音 ヘイ 訓 もち	15	飠	しょくへん	穀物の粉をこねて蒸した食品	画餅《がべい》・煎餅《せんべい》・鏡餅《かがみもち》・草餅《くさもち》・葛餅《くずもち》・尻餅《しりもち》	餅(2) 餅(4) 餅 餅 餅 餅(9) 餅(11) 餅(13) 餅 餅
璧	—	音 ヘキ 訓 —	18	玉	たま	たま・輪の形の平たい玉器・立派なもの	完璧《かんぺき》・双璧《そうへき》	璧(2) 璧 璧(6) 璧(11) 璧 璧 璧 璧 璧(17) 璧

ステップ 23

練習問題

1	/24
2	/10
3	/8
4	/24

月　日

1 次の――線の漢字の読みをひらがなで記せ。

1 使命を完璧に遂行していく。（　）
2 膝頭をぶつけて青あざができた。（　）
3 汚職の隠蔽が大きく報道された。（　）
4 肩肘を張らずに気楽に暮らす。（　）
5 お茶請けに煎餅を出す。（　）
6 旧友の訃報に言葉をなくす。（　）
7 雪道で滑って尻餅をついた。（　）
8 彼は立志伝中の傑物といえる。（　）
9 手術が成功して愁眉を開く。（　）
10 にわかには首肯できない提案だ。（　）
11 彼の話は逸脱する嫌いがある。（　）
12 作品を酷評されて落ち込む。（　）
13 展示品を実費で頒布している。（　）
14 畑に畝を作って種子をまいた。（　）
15 定期的に妊婦健診を受ける。（　）
16 摩耗した部品を取り替える。（　）
17 偏った判定に監督が抗議した。（　）
18 海外市場から撤退する。（　）
19 飢餓に苦しむ難民を支援する。（　）
20 飢えと寒さに見舞われた。（　）
21 一度決めた方針は堅持する。（　）
22 堅苦しい挨拶は抜きにしよう。（　）
23 黄色の穂状の花が咲く。（　）
24 稲の穂先が重く垂れ下がる。（　）

2 次の漢字の部首を記せ。

〈例〉 菜〔艹〕 間〔門〕

1 汎（ ）
2 眉（ ）
3 膝（ ）
4 訃（ ）
5 丘（ ）
6 蔽（ ）
7 餅（ ）
8 鍋（ ）
9 罵（ ）
10 剥（ ）

3 次の――線のカタカナを漢字に直せ。

1 **ケンペイ**率を計算する。（ ）
2 **ケンペイ**が囚人を護送した。（ ）
3 **ケイシャ**でにわとりを飼う。（ ）
4 緩やかな**ケイシャ**の坂を上る。（ ）
5 **タンジュウ**は肝臓で作られる。（ ）
6 **タンジュウ**を撃って的にあてる。（ ）
7 遠くを見ようと目を**コ**らす。（ ）
8 若者の無礼を**コ**らす。（ ）

4 次の——線のカタカナを漢字に直せ。

1 恩師の**フイン**に接し悲しむ。（　　）
2 障壁で電磁波を**シャヘイ**する。（　　）
3 彼らは近代俳壇の**ソウヘキ**だ。（　　）
4 よもぎを摘んで**クサモチ**を作る。（　　）
5 真相に気づいて**ヒザ**を打つ。（　　）
6 **ヒジ**の上まで袖をまくった。（　　）
7 結婚式の**シュクエン**を催す。（　　）
8 **オウカン**を頭に載せる。（　　）
9 カッターナイフで鉛筆を**ケズ**る。（　　）
10 式典中は**セイシュク**に願います。（　　）
11 小学校の**キョウユ**になりたい。（　　）
12 必要な科目を**リシュウ**する。（　　）

13 身を捨ててこそ浮かぶ**セ**もあれ。（　　）
14 **スミ**に置けない人だと言われた。（　　）
15 読んだ本の題名を**ラレツ**する。（　　）
16 入国者の**ケンエキ**を行う。（　　）
17 **シンパン**が試合中止を宣告した。（　　）
18 列強に**ヒケン**する経済力はない。（　　）
19 原野を**カイコン**して農地にした。（　　）
20 親不孝への**カイコン**の念が募る。（　　）
21 ベランダに**センタク**物を干した。（　　）
22 リストから一つ**センタク**できる。（　　）
23 風の強い日は波が**アラ**い。（　　）
24 写真の粒子が**アラ**い。（　　）

同音で字形の似ている漢字　**ヘキ【璧・壁】**
璧…①たま 例 璧玉 ②りっぱなもの 例 完璧
壁…①かべ 例 壁面 ②がけ 例 岩壁 ③とりで 例 城壁
「璧」の部首は「玉(たま)」、「壁」の部首は「土(つち)」です。

力だめし

第4回

総得点　／100

評価
A
80点 B
75点 C
70点 D
60点 E

月　日

1 次の――線の漢字の読みをひらがなで記せ。　1×10　／10

1 雑誌を定期購読する。
2 執事が家政を宰領する。
3 大臣に広汎な裁量を与える。
4 動物が残した痕跡をたどる。
5 鹿の剝製を展示する。
6 盆栽を育てて出展する。
7 懸案について膝詰めで話し合う。
8 大根をぬかみそに漬ける。
9 つまらないことに拘泥する。
10 丼鉢をテーブルに並べる。

2 1〜5の三つの□に共通する漢字を入れて熟語を作れ。漢字はア〜コから一つ選び、記号で記せ。　2×5　／10

1 充□・補□・装□
2 手□・土□・□底
3 煎□・鏡□・画□
4 □物・筋□・浮□
5 □棄・生□・□液

ア 当　イ 餅　ウ 俵　エ 腫　オ 台
カ 肉　キ 鍋　ク 塡　ケ 廃　コ 唾

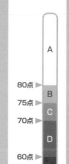

3 次の――線のカタカナを漢字一字と送りがな（ひらがな）に直せ。

〈例〉問題に**コタエル**。（答える）

2×10 /20

1 **オボレル**者はわらをもつかむ。（　　）
2 心の**ホッスル**ままに行動する。（　　）
3 二人を**ヘダテル**壁は崩れた。（　　）
4 パンがおいしそうに**フクラム**。（　　）
5 食事をする時間も**オシム**。（　　）
6 親友の助言が胸に**シミル**。（　　）
7 真面目に暮らすよう**サトス**。（　　）
8 店番の**カタワラ**勉強する。（　　）
9 遺言通りに祖父を**ホウムル**。（　　）
10 相手の話を**サエギル**のは失礼だ。（　　）

4 熟語の構成のしかたには次のようなものがある。

1×10 /10

ア 同じような意味の漢字を重ねたもの（岩石）
イ 反対または対応の意味を表す字を重ねたもの（高低）
ウ 上の字が下の字を修飾しているもの（洋画）
エ 下の字が上の字の目的語・補語になっているもの（着席）
オ 上の字が下の字の意味を打ち消しているもの（非常）

次の熟語は右のア～オのどれにあたるか、一つ選び、記号で記せ。

1 巧拙（　　）
2 披露（　　）
3 剰余（　　）
4 不浄（　　）
5 眉間（　　）
6 忍苦（　　）
7 顕在（　　）
8 任免（　　）
9 未聞（　　）
10 抗菌（　　）

5 次の各文にまちがって使われている同じ読みの漢字が一字ある。上に誤字を、下に正しい漢字を記せ。

2×5 /10

誤 正

1 設備投資をしたいが、銀行の融資がうまくいかず、その費用の粘出に四苦八苦している。（ ）（ ）

2 激しい争いを制した優勝チームに至杯が贈られ、場内は観客の嵐のような歓声に包まれた。（ ）（ ）

3 被疑者の犯行を立証するための証拠がそろったので、警察官が退捕状を請求した。（ ）（ ）

4 保険金査取の疑いが生じたので、保険会社の担当者が事故の状況を調べ始めた。（ ）（ ）

5 当時、台所で出る生ごみを粉細して下水に流すディスポーザーという機械が普及していた。（ ）（ ）

6 後の□の中の語を必ず一度だけ使って漢字に直し、対義語・類義語を記せ。

2×10 /20

対義語

1 総合―（ ）
2 尊宅―（ ）
3 病弱―（ ）
4 理論―（ ）
5 汚濁―（ ）

類義語

6 一瞬―（ ）
7 継承―（ ）
8 全治―（ ）
9 卓抜―（ ）
10 調停―（ ）

けっしゅつ・じっせん・せいちょう・せったく・せつな・そうけん・ちゅうさい・とうしゅう・ぶんせき・へいゆ

7 次の1～5の意味にあてはまる四字熟語をア～オから一つ選び、記号で記せ。

2×5 ／10

1 時を移さず、思いきって行うこと。（　）

2 自分で何も考えず他人の意見に賛成すること。（　）

3 文学と音楽のこと。（　）

4 頭を下げて恭しく礼をすること。（　）

5 安楽な暮らしのさま。（　）

ア 詩歌管弦　イ 迅速果断
ウ 暖衣飽食　エ 頓首再拝
オ 附和雷同

8 次の――線のカタカナを漢字に直せ。

1×10 ／10

1 **ヨウツウ**が悪化して寝込む。（　）

2 母は**フジイロ**の着物が似合う。（　）

3 事故の**インペイ**工作が発覚する。（　）

4 **カタヒジ**を張って生きる。（　）

5 明るい場所では**ドウコウ**が縮む。（　）

6 今でも**セキジツ**の面影を残す。（　）

7 食後に**ナシ**をむいて食べる。（　）

8 将軍の側近が**ムホン**を起こす。（　）

9 **チュウシン**より感謝いたします。（　）

10 働かずに惰眠を**ムサボ**る。（　）

ステップ 24

漢字	蔑	哺	蜂	貌	頬	睦
許容字体	—	—	—	—	頰	—
読み	音 ベツ 訓 さげす(む)	音 ホ 訓 —	音 ホウ 訓 はち	音 ボウ 訓 —	音 — 訓 ほお	音 ボク 訓 —
画数	14	10	13	14	16	13
部首	艹	口	虫	豸	頁	目
部首名	くさかんむり	くちへん	むしへん	むじなへん	おおがい	めへん
漢字の意味	さげすむ・ないがしろにする・あなどる	口にふくむ・食べる・はぐくむ・やしなう	昆虫のハチ・むらがる・むれる	かたち・すがた・ようす・ありさま	ほお・ほっぺた	むつまじい・親しい・むつむ・仲よくする
用例	蔑視《べっし》・軽蔑《けいべつ》・侮蔑《ぶべつ》・相手《あいて》を蔑《さげす》む	哺《ほ》乳瓶《にゅうびん》・哺《ほ》乳類《にゅうるい》	蜂起《ほうき》・養蜂《ようほう》・蜂蜜《はちみつ》・女王蜂《じょおうばち》・蜜蜂《みつばち》	全貌《ぜんぼう》・美貌《びぼう》・風貌《ふうぼう》・変貌《へんぼう》・容貌《ようぼう》	頬《ほお》づえ・頬紅《ほおべに》・頬骨《ほおぼね》・頬《ほお》《ほほ》を赤《あか》らめる・芋《いも》を頬張《ほおば》る	親睦《しんぼく》・和睦《わぼく》
筆順	蔑 3 蔑 5 蔑 7 蔑 蔑 蔑 蔑 蔑 蔑 蔑	哺 哺 哺 哺 哺 哺 哺 哺 哺 哺	蜂 2 蜂 蜂 蜂 蜂 蜂 蜂 蜂 蜂 12 蜂	貌 貌 3 貌 貌 貌 7 貌 貌 10 貌 12 貌 貌	頬 頬 頬 頬 5 頬 頬 頬 9 頬 11 頬 14 頬 16	睦 2 睦 5 睦 睦 睦 睦 睦 睦 睦 睦

ステップ24 練習問題

1	/24
2	/8
3	/5
4	/24

月　日

1 次の――線の漢字の読みをひらがなで記せ。

1 武装蜂起の計画が漏れる。
2 保護者同士の親睦を深める。
3 卑劣な行為は軽蔑に値する。
4 哺乳類は肺で呼吸をしている。
5 山頂でおにぎりを頰張った。
6 類いまれなる美貌の持ち主だ。
7 軒先の蜂の巣を撤去する。
8 人を蔑んではならない。
9 方針を変更するには時期尚早だ。
10 葬儀を行う斎場を知らせる。
11 市役所で戸籍謄本を取る。
12 長患いの友人を見舞う。
13 麻のシャツにアイロンをかける。
14 豪華な邸宅に住んでいる。
15 有田焼の窯元を訪ねる。
16 仲間と釣果を競い合った。
17 論文の要点を抄録する。
18 開票の結果を逐次発表する。
19 挑発的な態度で抗議された。
20 新しい分野の研究に挑んでいる。
21 電報を打って弔意を表す。
22 遺族に弔いの言葉をかける。
23 懸案事項から検討しよう。
24 チームの初優勝が懸かっている。

2 次の――線のカタカナを漢字に直せ。

1 ヨウボウの衰えを気にする。（　　）
2 多くのヨウボウに応える。（　　）
3 シモンに対する答申を出す。（　　）
4 犯罪現場でシモンを採取する。（　　）
5 病人を救急車でハンソウする。（　　）
6 ヨットで沖をハンソウする。（　　）
7 雑誌のケンショウに応募する。（　　）
8 事故の現場ケンショウを行う。（　　）

3 次の四字熟語の読みをひらがなで記せ。また、その意味をア～オから選び、記号を記せ。

	四字熟語	読み	意味
1	快刀乱麻	（　　）	（　　）
2	高論卓説	（　　）	（　　）
3	自縄自縛	（　　）	（　　）
4	抑揚頓挫	（　　）	（　　）
5	衆人環視	（　　）	（　　）

ア　すぐれた意見や考え。
イ　大勢が周りで見ていること。
ウ　言葉の表現に変化を持たせること。
エ　難事を鮮やかに解決すること。
オ　己の言動によって動きがとれなくなること。

4 次の――線のカタカナを漢字に直せ。

1 **ホニュウ**瓶でミルクを飲ませる。（　　）
2 人を**ブベツ**したような態度だ。（　　）
3 再開発で街が**ヘンボウ**を遂げる。（　　）
4 赤ちゃんを見ると**ホオ**が緩む。（　　）
5 **ヨウホウ**場に巣箱を設置する。（　　）
6 戦争状態の両国が**ワボク**を結ぶ。（　　）
7 **ダセイ**に身を任せて過ごす。（　　）
8 興味深い逸話が**ヒロウ**された。（　　）
9 妙な空気が**カモ**し出される。（　　）
10 **ヨコナグ**りの雨にぬれる。（　　）
11 **カヘイ**の価値が大幅に下落した。（　　）
12 神前で夫婦の**チギ**りを交わした。（　　）

13 **ユウキュウ**の時の流れを感じる。（　　）
14 しばらくの間木陰で**イコ**う。（　　）
15 縁側で**カ**取り線香をたく。（　　）
16 **キョウリュウ**の化石が出土した。（　　）
17 **タナ**からぼた餅。（　　）
18 座右の**メイ**。（　　）
19 郊外に一軒家を**フシン**する。（　　）
20 暑さのため食欲**フシン**になる。（　　）
21 矢のような**サイソク**に困惑する。（　　）
22 規約に基づき**サイソク**を定める。（　　）
23 木札に自分の名前を**ホ**った。（　　）
24 地面に穴を**ホ**って植樹した。（　　）

抑揚頓挫（よくようとんざ）
【意味】言葉の調子を上げ下げしたり急に勢いを変えたりして、表現に変化を持たせること
「抑揚」は「文や声の調子の上げ下げ」、「頓挫」は「急にくじける」という意味で、変化に富み、調和のとれた表現にすることを表します。

ステップ 25

漢字	勃	昧	枕	蜜	冥	麺	冶
許容字体	—	—	—	—	—	—	—
読み	音 ボツ 訓 —	音 マイ 訓 —	音 — 訓 まくら	音 ミツ 訓 —	音 メイ ミョウ 高 訓 —	音 メン 訓 —	音 ヤ 訓 —
画数	9	9	8	14	10	16	7
部首	力	日	木	虫	冖	麦	冫
部首名	ちから	ひへん	きへん	むし	わかんむり	ばくにょう	にすい
漢字の意味	にわかに起こる・勢いが盛んなさま・怒る	暗い・夜明け・はっきりしない	まくら・まくらをして横になる	みつ・はちみつ・みつのように甘い	暗い・光がない・道理に暗い・あの世	小麦粉・めん・うどんやそばの類	とかす・金属を精錬する・なまめかしい
用例	勃興《ぼっこう》・勃発《ぼっぱつ》・鬱勃《うつぼつ》・雄心勃勃《ゆうしんぼつぼつ》	曖昧《あいまい》・愚昧《ぐまい》・三昧《さんまい》・天造草昧《てんぞうそうまい》	枕元《まくらもと》・歌枕《うたまくら》・旅枕《たびまくら》・手枕《てまくら》・膝枕《ひざまくら》・肘枕《ひじまくら》・夢枕《ゆめまくら》	蜜月《みつげつ》・蜜蜂《みつばち》・蜜豆《みつまめ》・糖蜜《とうみつ》・蜂蜜《はちみつ》	冥王星《めいおうせい》・冥界《めいかい》・冥土《めいど》・冥福《めいふく》・幽冥《ゆうめい》・冥加《みょうが》・冥利《みょうり》	麺棒《めんぼう》・麺類《めんるい》・乾麺《かんめん》・製麺《せいめん》	冶金《やきん》・艶冶《えんや》・陶冶《とうや》・遊冶《ゆうや》・鍛冶《かじ》《たんや》
筆順	勃 勃 勃 勃 勃 勃 勃 勃 勃	昧 昧 昧 昧 昧 昧 昧 昧 昧	枕 枕 枕 枕 枕 枕 枕 枕	蜜 3 蜜 蜜 蜜 蜜 蜜 蜜 10 蜜 蜜 蜜 14	冥 冥 冥 冥 冥 冥 冥 冥 冥 冥	麺 麺 麺 4 麺 7 麺 9 麺 11 麺 麺 麺 15 麺	冶 冶 冶 冶 冶 冶 冶

ステップ 25

練習問題

1	/24
2	/10
3	/10
4	/24

月　日

1 次の――線の漢字の読みをひらがなで記せ。

1 会見は曖昧な答えに終始した。（　　）
2 新しい冶金技術が開発された。（　　）
3 発展途上国で内乱が勃発する。（　　）
4 死出の旅を冥土の旅ともいう。（　　）
5 肘枕でうたた寝をする。（　　）
6 麺棒でのばした生地を型で抜く。（　　）
7 花の蜜が昆虫を引きつける。（　　）
8 命冥加にも九死に一生を得た。（　　）
9 とんだ疫病神が舞い込んだ。（　　）
10 潮が引いて干潟が現れた。（　　）

11 半紙に墨汁で書を書く。（　　）
12 将来に禍根を残す結果となった。（　　）
13 必勝祈願の絵馬を奉納する。（　　）
14 成功の兆しが感じられる。（　　）
15 勲功を立てたいと願う。（　　）
16 公共料金の支払いが滞る。（　　）
17 寺の庫裏を改修する。（　　）
18 死者を手厚く葬った。（　　）
19 病院で解毒剤の点滴を受けた。（　　）
20 ひもを解いて中身を取り出した。（　　）
21 澄明な大空が広がる。（　　）
22 小鳥の鳴き声に耳を澄ます。（　　）
23 不正を働き懲戒処分になった。（　　）
24 彼は全く懲りない男だ。（　　）

2 熟語の構成のしかたには次のようなものがある。

ア 同じような意味の漢字を重ねたもの （岩石）
イ 反対または対応の意味を表す字を重ねたもの （高低）
ウ 上の字が下の字を修飾しているもの （洋画）
エ 下の字が上の字の目的語・補語になっているもの （着席）
オ 上の字が下の字の意味を打ち消しているもの （非常）

次の熟語は右のア〜オのどれにあたるか、一つ選び、記号で記せ。

1 隠顕（　）
2 曖昧（　）
3 銃創（　）
4 土壌（　）
5 不偏（　）
6 懇請（　）
7 未到（　）
8 免租（　）
9 廃業（　）
10 紡績（　）

3 次の各文にまちがって使われている同じ読みの漢字が一字ある。上に誤字を、下に正しい漢字を記せ。

誤 正

1 紛争地域に新勢力が没興する。（　）（　）
2 相続を巡り、民事訴詔を起こす。（　）（　）
3 緻蜜な計算に基づいて行動する。（　）（　）
4 点検のため、通信を謝断する。（　）（　）
5 内閣が隣国との条約を批順する。（　）（　）
6 仏教発承の地インドを訪ねる。（　）（　）
7 首相が綱紀淑正の指示を出す。（　）（　）
8 鯨は水中で暮らす大型の捕乳類だ。（　）（　）
9 少年犯罪が賓発する世相を嘆く。（　）（　）
10 原発の配炉に向けた作業を行う。（　）（　）

4 次の――線のカタカナを漢字に直せ。

1 **マクラモト**に時計を置く。
2 著名な刀**カジ**を紹介する。
3 休日は読書**ザンマイ**で過ごす。
4 **ミツバチ**は作物の受粉に役立つ。
5 隣国との戦争が**ボッパツ**した。
6 そばなどの**メンルイ**が好きだ。
7 役者**ミョウリ**に尽きる。
8 **チカク**変動で海岸線が移動した。
9 謹んで**キョウジュン**の意を表す。
10 本の返却を**トクソク**する。
11 強い精神力を**ツチカ**う。
12 **モギ**試験を受けて実力を試した。

13 軽い**ダボク**だから心配無用だ。
14 彼はなかなか肝が**ス**わっている。
15 社長はご**マンエツ**の様子だ。
16 祖父の趣味は**イゴ**だ。
17 一切の**トクレイ**を認めない。
18 仕事を急ぐように**トクレイ**する。
19 運転免許証を**コウシン**した。
20 **コウシン**料のよく効いた料理だ。
21 収入と支出の**キンコウ**を保つ。
22 東京**キンコウ**の桜の名所に行く。
23 泳いでいて足に**モ**が絡まる。
24 王の死後、全国民が**モ**に服した。

熟語によって読み方が変わる漢字　冥
Q…①～④の熟語のうち、「冥」の読み方が異なるものは?
①冥加　②冥想　③幽冥　④冥土
A…①　①「みょうが」、②「めいそう」、③「ゆうめい」、④「めいど」と読みます。

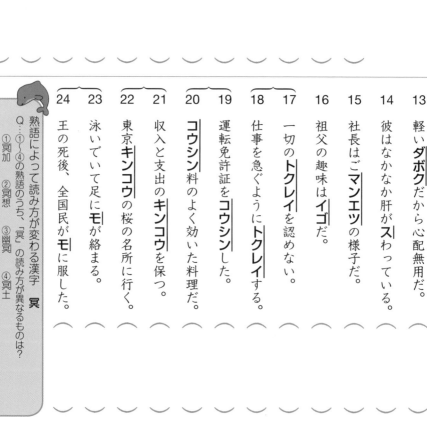

ステップ 26

漢字	許容字体	読み（音）	読み（訓）	画数	部首	部首名	漢字の意味	用例
弥	—	—	や	8	弓	ゆみへん	広くゆきわたる・久しい・いよいよ	弥次《やじ》・弥次馬《やじうま》・弥次喜多《やじきた》・弥生《やよい》
闇	—	—	やみ	17	門	もんがまえ	暗い・やみ・ひそかに・分別がない	闇雲《やみくも》・闇夜《やみよ》・薄闇《うすやみ》・暗闇《くらやみ》・夕闇《ゆうやみ》・宵闇《よいやみ》
喩	喻	ユ	—	12	口	くちへん	たとえる・たとえ・さとす・教えさとす	暗喩《あんゆ》・隠喩《いんゆ》・直喩《ちょくゆ》・比喩《ひゆ》
湧	—	ユウ	わ(く)	12	氵	さんずい	わく・水がわき出る・盛んにおこる	湧出《ゆうしゅつ》・湧泉《ゆうせん》・湧《わ》き水《みず》
妖	—	ヨウ	あや(しい)	7	女	おんなへん	あやしい・もののけ・なまめかしい・災い	妖艶《ようえん》・妖怪《ようかい》・妖言惑衆《ようげんわくしゅう》・妖術《ようじゅつ》・妖精《ようせい》・面妖《めんよう》
瘍	—	ヨウ	—	14	疒	やまいだれ	できもの・かさ	潰瘍《かいよう》・腫瘍《しゅよう》
沃	—	ヨク	—	7	氵	さんずい	そそぐ・水をかける・地味がこえている	沃土《よくど》・沃野《よくや》・沃野千里《よくやせんり》・肥沃《ひよく》・豊沃《ほうよく》

ステップ 26

練習問題

1	/24
2	/10
3	/10
4	/24

月　日

1 次の――線の漢字の読みをひらがなで記せ。

1 岩の間から地下水が湧出する。（　）
2 ストレスで胃に潰瘍ができた。（　）
3 妖艶な演技で観客を魅了した。（　）
4 巧みな暗喩表現を理解する。（　）
5 肥沃な土地で作物を育てる。（　）
6 彼の行動は闇夜に鉄砲だ。（　）
7 国会の答弁中に弥次が飛んだ。（　）
8 励まされて勇気が湧いた。（　）
9 宝石が妖しい光を放つ。（　）
10 国から県へ事業の管轄を移す。（　）

11 周囲に見物の人垣ができた。（　）
12 薬を飲んだら頭痛は鎮まった。（　）
13 雑菌の繁殖を抑えて清潔に保つ。（　）
14 大きな渦紋が描かれた器に盛る。（　）
15 彼は俊傑として名をはせた。（　）
16 端役ながら劇の舞台に立つ。（　）
17 野良犬を保護して自宅で飼う。（　）
18 その国の枢軸産業は鉄鋼業だ。（　）
19 神社で神楽が奉納された。（　）
20 名誉職に奉って口出しさせない。（　）
21 社長宅に伺候した。（　）
22 ご機嫌伺いに参上いたします。（　）
23 今日は絶好の撮影日和だ。（　）
24 娘の横顔をカメラで撮った。（　）

2 次の漢字の部首を記せ。また下の熟語の読みをひらがなで記せ。

	部首		読み
1 弥	（　）	弥生	（　）
2 闇	（　）	薄闇	（　）
3 喩	（　）	直喩	（　）
4 湧	（　）	湧泉	（　）
5 妖	（　）	妖精	（　）
6 蜜	（　）	蜜豆	（　）
7 冥	（　）	幽冥	（　）
8 枕	（　）	膝枕	（　）
9 麺	（　）	製麺	（　）
10 貌	（　）	風貌	（　）

3 後の［　］の中の語を必ず一度だけ使って漢字に直し、対義語・類義語を記せ。

対義語

1 湧出―（　）
2 献上―（　）
3 凡才―（　）
4 融解―（　）
5 祝賀―（　）

類義語

6 将来―（　）
7 不意―（　）
8 永遠―（　）
9 心配―（　）
10 永眠―（　）

あいとう・いつざい・かし・ぎょうこ・けねん・こかつ・ぜんと・たかい・とうとつ・ゆうきゅう

4 次の――線のカタカナを漢字に直せ。

1 ヤミクモに走って逃げた。

2 稲作はヤヨイ時代に始まった。

3 地下水がこんこんとワき出す。

4 ヨウカイが出てくる民話を読む。

5 ヨクドで野菜を育てる。

6 うまいヒユを使って説明した。

7 脳シュヨウの手術が行われた。

8 ユウヨウ迫らぬ態度に感服した。

9 事をオンビンに済ませる。

10 議論のオウシュウが続いた。

11 従業員のタイグウ改善を求める。

12 飲食店でアルバイトをヤトう。

13 始業式で校歌をセイショウした。

14 国家のアンタイを祈願する。

15 筆にスミを含ませて清書する。

16 酒をクみ交わして歓談した。

17 首相カンテイの前から中継する。

18 書画のカンテイを仕事にする。

19 事故の後遺症でゲンカクに悩む。

20 私の父はゲンカクな人だ。

21 イースト菌をハッコウさせる。

22 この法律は昨年ハッコウした。

23 的をめがけて矢をイる。

24 青銅を型に流して鐘をイる。

使い分けよう！ あやしい【怪・妖】

怪…例 怪しい人影・挙動が怪しい・彼の言葉は怪しい
(気味が悪い・異様である・疑わしい)

妖…例 妖しい魅力・妖しく輝く瞳・妖しい美しさ
(なまめかしい魅力があり、人を惑わす)

漢字	許容字体	読み	画数	部首	部首名	漢字の意味	用例
拉	—	音 ラ 訓 —	8	扌	てへん	破壊する・砕く・引く・引いて連れていく	拉致《らち》
辣	—	音 ラツ 訓 —	14	辛	からい	からい・きびしい・むごい	辣腕《らつわん》・悪辣《あくらつ》・辛辣《しんらつ》
藍	—	音 ラン 高 訓 あい	18	艹	くさかんむり	植物のアイ・あいいろ	甘藍《かんらん》・出藍《しゅつらん》・藍色《あいいろ》・藍染《あいぞ》め
璃	—	音 リ 訓 —	14	王	おうへん たまへん	宝玉の「玻璃《はり》」「瑠璃《るり》」に用いられる字	浄瑠璃《じょうるり》・瑠璃《るり》・瑠璃色《るりいろ》
慄	—	音 リツ 訓 —	13	忄	りっしんべん	おそれる・おののく	慄然《りつぜん》・戦慄《せんりつ》
侶	—	音 リョ 訓 —	9	亻	にんべん	連れの者・とも・仲間	侶伴《りょはん》・僧侶《そうりょ》・伴侶《はんりょ》
瞭	—	音 リョウ 訓 —	17	目	めへん	明らか・はっきりしている・よく見える	瞭然《りょうぜん》・一目瞭然《いちもくりょうぜん》・明瞭《めいりょう》・簡単明瞭《かんたんめいりょう》

筆順

ステップ 27

練習問題

1 [ ] /24
2 [ ] /6
3 [ ] /10
4 [ ] /24

月　日

1 次の――線の漢字の読みをひらがなで記せ。

1 出藍の誉れと称賛された。
2 事の重大さに慄然とする。
3 拉致事件の早期解決を願う。
4 辣腕の弁護士がえん罪を晴らす。
5 人生のよき伴侶に恵まれる。
6 力の差は瞭然としていた。
7 浄瑠《じょうる》璃は日本の伝統芸能だ。
8 課外活動で藍染め体験をする。
9 祭りは神楽で始まった。
10 宇宙飛行士が地球に帰還する。
11 芳しい成績は残せなかった。
12 主人公が悪い鬼を懲らしめる。
13 聞くのも汚らわしい話だ。
14 恩師の墓に花を手向けた。
15 船が岩礁に乗り上げる。
16 地域によって顕著な違いがある。
17 裏山の中腹に廃屋がある。
18 品物の代金を一括で支払った。
19 社葬で追悼の辞を述べる。
20 故人を悼んで祈りをささげる。
21 看護師が病棟を巡回する。
22 棟上げの祝いで餅をまく。
23 円筒形の入れ物に賞状をしまう。
24 ホースの筒先を火元に向ける。

2 文の意味に合う漢字をa・bから選び、記号で記せ。

1 父の〔a容貌　b要望〕は祖父に生き写しだ。（　　）

2 〔a旋律　b戦慄〕すべき光景が目に映る。（　　）

3 彼の〔a戦災　b繊細〕な神経を案じる。（　　）

4 歳月による〔a興廃　b荒廃〕から寺を守る。（　　）

5 民衆が武装〔a蜂起　b放棄〕して戦った。（　　）

6 猫は〔a平行　b平衡〕感覚が優れている。（　　）

3 次の四字熟語の（　）に入る適切な語を後の［　］の中から選び、漢字に直して記せ。

1 文人（　　）

2 巧遅（　　）

3 （　　）外親

4 （　　）丁寧

5 気宇（　　）

6 （　　）妄想

7 （　　）瞭然

8 （　　）妥当

9 終始（　　）

10 （　　）濫造

いちもく・いっかん・こだい・こんせつ・せっそく・そうだい・そせい・ないそ・ふへん・ぼっかく

4 次の——線のカタカナを漢字に直せ。

1 **アイ**色の浴衣を仕立ててもらう。（　　）
2 **シンラツ**な言葉で批判された。（　　）
3 **ソウリョ**を招いて法事を営む。（　　）
4 趣旨を**メイリョウ**に説明する。（　　）
5 凄惨な事件に**センリツ**を覚える。（　　）
6 瑠《る》**リ**とはラピスラズリのことだ。（　　）
7 **ラチ**された要人が救出された。（　　）
8 **ハグキ**が痛むので治療を受ける。（　　）
9 部長に苦言を**テイ**する。（　　）
10 椅子の背に花を**チョウコク**する。（　　）
11 **ハイザイ**で小屋を建てる。（　　）
12 **スイミン**不足で頭が重い。（　　）

13 医局には**ガクバツ**がある。（　　）
14 道が**ユル**くカーブしている。（　　）
15 交通事故が**ゼンゾウ**している。（　　）
16 **ツツシ**んで哀悼の意を表します。（　　）
17 対戦相手が**キケン**した。（　　）
18 窮鳥懐に入れば**リョウシ**も殺さず。（　　）
19 空港で**トウジョウ**手続きをする。（　　）
20 **トウジョウ**人物は全て架空だ。（　　）
21 庭に**カキ**の苗木を植える。（　　）
22 友人との間に**カキ**を作る。（　　）
23 **ケイチョウ**用の礼服を用意する。（　　）
24 命に**ケイチョウ**はつけられない。（　　）

正しい四字熟語はどれ?

Q…「いちもくりょうぜん」を漢字で書くと?
①一黙瞭然　②一目瞭然　③一目僚然

A…②「少し見ただけではっきりとわかること」という意味の四字熟語です。「瞭然」は、はっきりしているさまを意味します。

ステップ28

漢字	許容字体	読み	画数	部首	部首名	漢字の意味	用例	筆順
瑠	—	音 ル 訓 —	14	王	おうへん たまへん	七宝の一つ「瑠璃」のこと	瑠璃《るり》・瑠璃色《るりいろ》・浄瑠璃《じょうるり》	瑠2 瑠4 瑠 瑠 瑠 瑠 瑠 瑠11 瑠 瑠14
呂	—	音 ロ 訓 —	7	口	くち	日本や中国の音楽で陰（偶数番目）の音階	語呂《ごろ》・風呂《ふろ》・風呂敷《ふろしき》	呂 呂 呂 呂 呂 呂 呂
賂	—	音 ロ 訓 —	13	貝	かいへん	金品を贈る・わいろ	賄賂《わいろ》	賂 賂 賂5 賂7 賂 賂 賂 賂 賂 賂
弄	—	音 ロウ 訓 もてあそ(ぶ)	7	廾	こまぬき にじゅうあし	いじる・あなどる・好き勝手に扱う	玩弄《がんろう》・愚弄《ぐろう》・嘲弄《ちょうろう》・舞文弄法《ぶぶんろうほう》・翻弄《ほんろう》	弄 弄 弄 弄 弄 弄 弄
籠	—	音 ロウ 高 訓 かご こ(もる)	22	⺮	たけかんむり	かご・こめる・まるめこむ・こもる	籠城《ろうじょう》・籠城戦《ろうじょうせん》・籠鳥恋雲《ろうちょうれんうん》・籠絡《ろうらく》・参籠《さんろう》・灯籠《とうろう》・鳥籠《とりかご》	籠6 籠8 籠11 籠15 籠 籠 籠 籠 籠 籠22
麓	—	音 ロク 訓 ふもと	19	木	き	ふもと・山のすそ	岳麓《がくろく》・山麓《さんろく》・麓《ふもと》の村《むら》で暮《く》らす	麓4 麓8 麓11 麓 麓14 麓 麓 麓 麓 麓
脇	—	音 — 訓 わき	10	月	にくづき	わき・わきばら・かたわら・そば	脇腹《わきばら》・脇見《わきみ》・脇道《わきみち》・脇目《わきめ》・脇役《わきやく》・両脇《りょうわき》	脇 脇 脇 脇 脇 脇 脇 脇 脇 脇

ステップ 28

練習問題

1	/24
2	/10
3	/10
4	/24

月　日

1 次の――線の漢字の読みをひらがなで記せ。

1 愚弄されるいわれはない。
2 持久走で脇腹が痛くなった。
3 参道の灯籠に明かりがともった。
4 山麓の四季の変化を楽しむ。
5 寝る前にゆっくりと風呂に入る。
6 賄賂を受け取り逮捕された。
7 人形浄瑠璃を鑑賞する。
8 所在なさそうに髪の毛を弄んだ。
9 山の麓のスキー場に行く。
10 植物のつるで籠を編んだ。
11 儀式を厳かに執り行う。
12 市長の不正行為を弾劾する。
13 春は物憂い気分になりがちだ。
14 彼の横柄な態度は目に余る。
15 登記簿抄本を請求する。
16 雄々しく敵に立ち向かう。
17 君主に対して恭順を誓う。
18 赤ちゃんの首が据わる。
19 協議では柔軟な姿勢を示した。
20 軟らかい土の上に寝転がる。
21 ここは泥炭が積もっている。
22 窓からの泥棒の侵入を防ぐ。
23 表面に特殊な加工を施した紙だ。
24 花の中では殊にバラが好きだ。

2 次の——線のカタカナを漢字一字と送りがな（ひらがな）に直せ。

〈例〉問題にコタエル。（答える）

1 相手の実力をアナドルな。（ ）
2 神前にお神酒をタテマツル。（ ）
3 ひなたは暑く、木陰はスズシイ。（ ）
4 懐に短刀をシノバセル。（ ）
5 心を込めて故人をトムラウ。（ ）
6 糸をツムグ音が聞こえる。（ ）
7 度重なる失敗にコリル。（ ）
8 細い鎖が複雑にカラマル。（ ）
9 壁のポスターをハガシて捨てた。（ ）
10 新入生の歓迎会をモヨオス。（ ）

3 熟語の構成のしかたには次のようなものがある。

ア 同じような意味の漢字を重ねたもの（岩石）
イ 反対または対応の意味を表す字を重ねたもの（高低）
ウ 上の字が下の字を修飾しているもの（洋画）
エ 下の字が上の字の目的語・補語になっているもの（着席）
オ 上の字が下の字の意味を打ち消しているもの（非常）

次の熟語は右のア〜オのどれにあたるか、一つ選び、記号で記せ。

1 未詳（ ）
2 繁閑（ ）
3 玩弄（ ）
4 衆寡（ ）
5 庶務（ ）
6 枢要（ ）
7 懸命（ ）
8 不穏（ ）
9 施肥（ ）
10 尚早（ ）

4 次の――線のカタカナを漢字に直せ。

1 **ロウジョウ**戦で敵軍に勝利した。
2 歴史年表を**ゴロ**合わせで覚える。
3 舟が荒波に**ホンロウ**される。
4 **ワイロ**を提供されたが拒否した。
5 **ワキメ**も振らずに勉強する。
6 **サンロク**の村から上京してきた。
7 **ルリ**色のドレスを身にまとう。
8 赤ちゃんが**ウブゴエ**を上げた。
9 後輩の前で**キョセイ**を張る。
10 **ナンド**から扇風機を出した。
11 神社で**エマ**に願いを書いた。
12 境内の落ち葉をほうきで**ハ**く。

13 会場に**キンパク**感が漂う。
14 苦手意識を**コクフク**する。
15 期待と不安が**コウサク**する。
16 前車の**クツガエ**るは後車の戒め。
17 好景気で地価が**ボウトウ**した。
18 会議の**ボウトウ**に挨拶をする。
19 **コウリョウ**とした風景が広がる。
20 政党の**コウリョウ**が改定された。
21 今日の**チョウカ**はアユ三匹だ。
22 制限時間を**チョウカ**した。
23 先生の教えを**ムネ**に刻む。
24 かやぶきの民家が三**ムネ**並ぶ。

部首を間違えやすい漢字　弄・蜜・罵

Q…次の漢字の部首は？　①弄　②蜜　③罵

A…①「廾（こまぬき・にじゅうあし）」②「虫（むし）」③「罒（あみがしら・あみめ・よこめ）」、①は「王（おう）」、②は「宀（うかんむり）」、③は「馬（うま）」と間違えないようにしましょう。

力だめし

第5回

総得点 ／100

評価

A
80点 B
75点 C
70点 D
60点 E

月 日

1 次の――線の漢字の読みをひらがなで記せ。

1×10 ／10

1 乾麺のうどんをゆでた。（ ）
2 父は能楽の謡を習っている。（ ）
3 恐ろしいニュースに戦慄が走る。（ ）
4 緑の沃野が広がる。（ ）
5 鳥籠から小鳥が逃げた。（ ）
6 対戦前に過去の棋譜を見直す。（ ）
7 長年培った技術を生かす。（ ）
8 和睦のために使節を派遣する。（ ）
9 何か秘密があるのではと勘繰る。（ ）
10 悪辣な手段で金を稼ぐ。（ ）

2 次の漢字の部首を記せ。

〈例〉菜 艹 間 門

1×10 ／10

1 璧（ ）
2 蔑（ ）
3 頰（ ）
4 勃（ ）
5 瘍（ ）
6 拉（ ）
7 侶（ ）
8 瑠（ ）
9 賂（ ）
10 斑（ ）

3 次の――線のカタカナを漢字一字と送りがな（ひらがな）に直せ。

〈例〉問題にコタエル。（答える）

2×10 /20

1 過疎で村はスタレル一方だ。（　）
2 むごい仕打ちにイキドオル。（　）
3 母校の名をハズカシメル行為だ。（　）
4 美しい音楽は心をナグサメル。（　）
5 運命にモテアソバれる。（　）
6 アコガレの人に会う。（　）
7 急な来客にアワテル。（　）
8 反則した選手に反省をウナガス。（　）
9 雪解けに春のキザシを感じる。（　）
10 当時の記憶はサダカデない。（　）

4 次の漢字の目的語・補語となる漢字を、後の□の中から選んで（　）に入れ、熟語を作れ。□の中の漢字は一度だけ使うこと。

1×10 /10

1 籠（　）
2 砕（　）
3 免（　）
4 贈（　）
5 随（　）
6 懐（　）
7 還（　）
8 赴（　）
9 叙（　）
10 享（　）

意　疫　郷　元　事　城　身　任　楽　賄

5 次の——線のカタカナにあてはまる漢字をそれぞれのア〜オから一つ選び、記号で記せ。

1×10 ／10

1 **ユ**脂を原料とした洗剤を使う。（　）
2 友人と一日を**ユ**快に過ごす。（　）
3 **ユ**旨免職の処分が決まった。（　）
（ア 癒　イ 油　ウ 諭　エ 愉　オ 遊）

4 上司が部下を督**レイ**する。（　）
5 **レイ**下二十度で食品を保存する。（　）
6 特**レイ**は認められない。（　）
（ア 零　イ 例　ウ 鈴　エ 戻　オ 励）

7 練習不足は**リョウ**然たる事実だ。（　）
8 官**リョウ**の天下りが問題になる。（　）
9 虫歯の治**リョウ**の予約を取る。（　）
10 大学では学生**リョウ**に入った。（　）
（ア 寮　イ 瞭　ウ 涼　エ 療　オ 僚）

6 後の□の中の語を必ず一度だけ使って漢字に直し、対義語・類義語を記せ。

2×10 ／20

対義語

1 不足—（　）
2 暫時—（　）
3 圧勝—（　）
4 激賞—（　）
5 明瞭—（　）

類義語

6 推移—（　）
7 卓抜—（　）
8 頑健—（　）
9 考慮—（　）
10 堅持—（　）

あいまい・きょうそう・こうきゅう・こくひょう・ざんぱい・しゃくりょう・しゅういつ・へんせん・ぼくしゅ・よじょう

7 次の1～5の意味にあてはまる四字熟語をア～オから一つ選び、記号で記せ。

2×5 ／10

1 心に決めたことを最後までつらぬき通すこと。（　　）

2 気持ちが盛んにわき立つさま。（　　）

3 物事をそつなくとりしきるさま。（　　）

4 互いの力が接近していて、優劣がつけにくいこと。（　　）

5 人並みはずれて優れた人。（　　）

ア 円転滑脱　イ 初志貫徹
ウ 勢力伯仲　エ 英俊豪傑
オ 雄心勃勃

8 次の――線のカタカナを漢字に直せ。

1×10 ／10

1 **アイゾ**めのハンカチを使う。（　　）

2 反乱軍の**ホウキ**を鎮圧する。（　　）

3 派手な**ヨウボウ**で人目を引く。（　　）

4 良質の温泉が**ユウシュツ**する。（　　）

5 商品の**ハンロ**を拡大する。（　　）

6 節制して自分を**トウヤ**する。（　　）

7 健康のため甘い物を**ヒカ**える。（　　）

8 **フモト**からケーブルカーで登る。（　　）

9 彼は空手三段の**モサ**だ。（　　）

10 西洋の美術品に目が**キ**く人だ。（　　）

弱点発見テスト

「弱点発見テスト」は、２級の審査基準に則したテスト１回分を収録しています。自分の得意な出題分野と苦手な出題分野を確認しましょう。特に点数の低い分野は、147ページからの「パワーアップ」で実力の補強をしましょう。

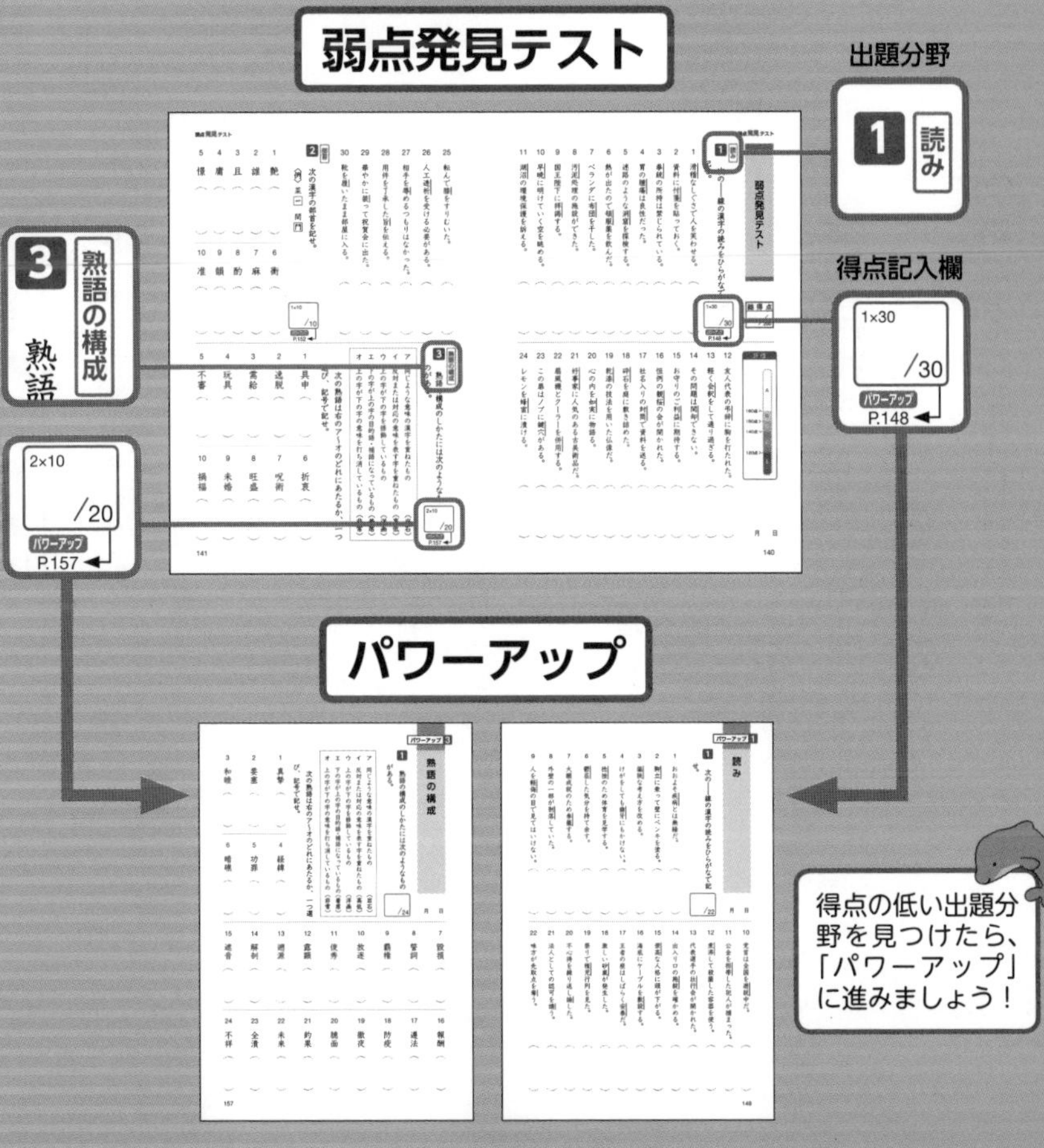

弱点発見テスト

総得点 ／200

1 読み

次の――線の漢字の読みをひらがなで記せ。

1×30 ／30

パワーアップ P.148

1 滑稽なしぐさで人を笑わせる。
2 資料に付箋を貼っておく。
3 拳銃の所持は禁じられている。
4 胃の腫瘍は良性だった。
5 迷路のような洞窟を探検する。
6 熱が出たので頓服薬を飲んだ。
7 ベランダに布団を干した。
8 汚泥処理の施設ができた。
9 国王陛下に拝謁する。
10 早暁に明けていく空を眺める。
11 湖沼の環境保護を訴える。
12 友人代表の弔辞に胸を打たれた。
13 軽く会釈をして通り過ぎる。
14 その問題は閑却できない。
15 お守りのご利益に期待する。
16 恒例の観桜の会が開かれた。
17 社名入りの封筒で資料を送る。
18 砕石を庭に敷き詰めた。
19 乾漆の技法を用いた仏像だ。
20 心の内を如実に物語る。
21 好事家に人気のある古美術品だ。
22 扇風機とクーラーを併用する。
23 この扉はノブに鍵穴がある。
24 レモンを蜂蜜に漬ける。

評価

得点	評価
160点～	A
150点～	B
140点～	C
120点～	D
～120点	E

月　日

25 転んで膝をすりむいた。（　）
26 人工透析を受ける必要がある。（　）
27 相手を辱めるつもりはなかった。（　）
28 用件を了承した旨を伝える。（　）
29 華やかに装って祝賀会に出た。（　）
30 靴を履いたまま部屋に入る。（　）

2 部首

次の漢字の部首を記せ。

〈例〉菜［艹］　間［門］

1 艶（　）
2 誰（　）
3 且（　）
4 庸（　）
5 憬（　）
6 衡（　）
7 麻（　）
8 酌（　）
9 韻（　）
10 准（　）

1×10　／10

パワーアップ P.152

3 熟語の構成

熟語の構成のしかたには次のようなものがある。

2×10　／20

パワーアップ P.157

ア 同じような意味の漢字を重ねたもの（岩石）
イ 反対または対応の意味を表す字を重ねたもの（高低）
ウ 上の字が下の字を修飾しているもの（洋画）
エ 下の字が上の字の目的語・補語になっているもの（着席）
オ 上の字が下の字の意味を打ち消しているもの（非常）

次の熟語は右のア～オのどれにあたるか、一つ選び、記号で記せ。

1 具申（　）
2 逸脱（　）
3 需給（　）
4 玩具（　）
5 不審（　）
6 折衷（　）
7 呪術（　）
8 旺盛（　）
9 未婚（　）
10 禍福（　）

4 四字熟語 次の四字熟語について、問1と問2に答えよ。

2×15 /30

パワーアップ P.162

問1 次の四字熟語の（1〜10）に入る適切な語を後の□の中から選び、漢字二字で記せ。

ア 安寧（1）（　）
イ（2）（　）円蓋
ウ 進取（3）（　）
エ 刻苦（4）（　）
オ（5）（　）奪胎
カ（6）（　）万丈
キ 怨親（7）（　）
ク 拍手（8）（　）
ケ（9）（　）無人
コ（10）（　）亡羊

かかん・かっさい・かんこつ・きえん・たき・ちつじょ・びょうどう・べんれい・ぼうじゃく・ほうてい

問2 次の11〜15の意味にあてはまるものを問1のア〜コの四字熟語から一つ選び、記号で記せ。

11 外形はもとのままで中身を取りかえること。（　）

12 積極的に物事をなし、決断力に富んでいること。（　）

13 他を圧倒するほど意気盛んであること。（　）

14 人前にもかかわらず、勝手で無遠慮な振る舞いをすること。（　）

15 物事が食い違ってかみ合わないたとえ。（　）

5 対義語・類義語

次の1～5の対義語、6～10の類義語を後の[ ]の中から選び、漢字で記せ。[ ]の中の語は一度だけ使うこと。

2×10 /20

パワーアップ P.167

対義語

1 陳腐—（　　）
2 高遠—（　　）
3 蓄積—（　　）
4 分割—（　　）
5 任命—（　　）

類義語

6 寄与—（　　）
7 気分—（　　）
8 懐柔—（　　）
9 大要—（　　）
10 是認—（　　）

いっかつ・きげん・こうがい・こうけん・こうてい・ざんしん・しょうもう・ひきん・ひめん・ろうらく

6 同音・同訓異字

次の——線のカタカナを漢字に直せ。

2×10 /20

パワーアップ P.172

1 彼は**ゴイ**が豊富だ。（　　）
2 わからない言葉の**ゴイ**を調べる。（　　）
3 **ココウ**を逃れて竜穴に入る。（　　）
4 この画家は**ココウ**の天才だ。（　　）
5 ごみの不法**トウキ**が問題になる。（　　）
6 凶作により米価が**トウキ**する。（　　）
7 自由**ホンポウ**に振る舞っている。（　　）
8 **ホンポウ**初公開の映画を見る。（　　）
9 聞くに**タ**えない暴言を無視する。（　　）
10 夜になり人通りが**タ**えた。（　　）

7 誤字訂正

次の各文にまちがって使われている同じ読みの漢字が一字ある。上に誤字を、下に正しい漢字を記せ。

2×5 ／10

パワーアップ P.177

誤　正

1 地震の後で、建物の構造部分に亀烈が入っているのが見つかり、応急処置を施して様子を見た。（　）（　）

2 事故で亡くなった方々に対し、政府を代表して首相が謹んで哀答の意を表すると言った。（　）（　）

3 古典の随筆の双壁をなすと言われている作品を夏休みに読破しようと隣町の図書館へ出かけた。（　）（　）

4 今年の全日本選手権の破者は来年米国で行われる世界選手権への出場権を得ることができる。（　）（　）

5 失言で国民の反感を買った政治家が記者会見をして前言鉄回したが、辞職に追い込まれた。（　）（　）

8 送りがな

次の——線のカタカナを漢字一字と送りがな（ひらがな）に直せ。

〈例〉問題にコタエル。（答える）

2×5 ／10

パワーアップ P.182

1 客にウヤウヤシイ態度で接する。（　）

2 体調を崩してヤセル。（　）

3 予想をクツガエス結果だ。（　）

4 雨水が天井からモレル。（　）

5 ウルワシイ歌声に耳を傾ける。（　）

9 書き取り 次の――線のカタカナを漢字に直せ。

2×25 /50

パワーアップ P.187

1 辺りを散歩して時間を**ツブ**す。
2 **フキン**を漂白して干す。
3 同級生を**シリメ**に記録を伸ばす。
4 敵が物陰から**ソゲキ**してきた。
5 **サゲス**むような目で見る。
6 生涯の**ハンリョ**と出会う。
7 **ワキミ**運転は危険だ。
8 難問はひとまず**タナア**げにする。
9 市町村合併の**ワクグ**みを作る。
10 小型**センパク**を操縦する。
11 田舎の父は**ソウケン**である。
12 **ハダ**に優しい石けんを使う。
13 議論して**ダトウ**な結論を導く。
14 恩師の**クントウ**を受ける。
15 悪貨は良貨を**クチク**する。
16 勢いに任せて思いを書き**ナグ**る。
17 街で芸能人と**ス**れ違う。
18 必要な資金を**ユウズウ**する。
19 冬の早朝に**シモバシラ**が立つ。
20 製品に**コウキン**加工を施す。
21 首脳たちを**キヒン**室に案内した。
22 最後の一言は**ダソク**だった。
23 湖面に**ハクヒョウ**が張った。
24 人間万事**サイオウ**が馬。
25 豚に**シンジュ**。

パワーアップ

もくじ

読み

月　日

/22

1 次の――線の漢字の読みをひらがなで記せ。

1 おおよそ疾病とは無縁だ。（　　）
2 脚立に乗って壁にペンキを塗る。（　　）
3 偏狭な考え方を改める。（　　）
4 けがをしても歯牙にもかけない。（　　）
5 捻挫のため体育を見学する。（　　）
6 鬱屈した気分を持て余す。（　　）
7 大願成就のため参籠する。（　　）
8 外壁の一部が剥落していた。（　　）
9 人を軽侮の目で見てはいけない。（　　）
10 党首は全国を遊説中だ。（　　）
11 公金を拐帯した犯人が捕まった。（　　）
12 煮沸して殺菌した容器を使う。（　　）
13 代表選手の壮行会が開かれた。（　　）
14 出入り口の施錠を確かめる。（　　）
15 崇高な人格に頭が下がる。（　　）
16 海底にケーブルを敷設する。（　　）
17 王者の座はしばらく安泰だ。（　　）
18 激しい砂嵐が発生した。（　　）
19 祭りで稚児行列を見た。（　　）
20 不心得を繰り返し諭した。（　　）
21 法人としての認可を請う。（　　）
22 味方が先取点を奪う。（　　）

2 次の――線の漢字の読みをひらがなで記せ。

/24

1 裁判官の罷免を申し立てる。

2 長年にわたり功徳を積む。

3 怨霊が出てくる映画を見る。

4 辛辣な批判を実力ではね返す。

5 愚昧だが自分なりに努力する。

6 頓知を働かせて切り抜ける。

7 自然には自浄作用がある。

8 七夕の短冊に願い事を書く。

9 彼は壮烈な最期を遂げた。

10 イラストを挿入する。

11 煩雑な仕事に忙殺される。

12 激しい嫌悪の情を催した。

13 不慮の災厄が身にふりかかる。

14 陶磁器を作る工業を窯業という。

15 遺跡を訪ねて各地を行脚する。

16 自分の無力さを露呈する。

17 どうにか話の帳尻を合わせる。

18 ドラマに脇役で出演する。

19 大声を張り上げて喉が潰れる。

20 大企業の進出を阻む。

21 岬の灯台の光を目指す。

22 夜が更けるまで語り合う。

23 議事を役員会に諮る。

24 仕事場が手狭になってきた。

3 次の――線の漢字の読みをひらがなで記せ。

/24

1 ミスをした部下を叱責する。（　）
2 忙し過ぎて鬱憤がたまる。（　）
3 勾配の緩やかな坂を駆け下りる。（　）
4 女性蔑視に抗議する。（　）
5 それは君の臆断に過ぎない。（　）
6 会社の命運をこの事業に賭する。（　）
7 アサリは滋味に富む食材だ。（　）
8 商社の渉外部に勤務している。（　）
9 大願がようやく成就した。（　）
10 小さな出張所へ左遷された。（　）
11 日本料理の繊細な味つけを好む。（　）

---

12 この本には凡例が示されている。（　）
13 会津地方は漆器の産地だ。（　）
14 儀式を荘厳に執り行う。（　）
15 惰弱な精神に活を入れる。（　）
16 暑いので開襟シャツを着た。（　）
17 人倫に背く行いを戒める。（　）
18 契約の履行を強く求める。（　）
19 カンガルーは有袋類に属する。（　）
20 店頭に推奨品を陳列した。（　）
21 信頼関係の醸成を促す。（　）
22 殉教者の碑を建てる。（　）
23 狩った動物の皮を剝ぐ。（　）
24 冬の浜辺は寂れている。（　）

4 次の——線の漢字の読みをひらがなで記せ。

/24

1 呪縛が解けたように動き出す。
2 沈鬱な表情を浮かべる。
3 村人を籠絡して協力させる。
4 細緻をきわめた作品をめでる。
5 豊沃な土地が眼前に広がる。
6 機に臨んで頓才を発揮する。
7 これが彼の作品の白眉といえる。
8 刃物を研磨機にかける。
9 一週間のうち五日稼働する。
10 賜杯を手にして喜びに浸った。
11 乳製品の在庫が払底する。
12 背後から殴打されて気を失った。
13 著者の経歴詐称が発覚した。
14 相手チームの練習を偵察する。
15 格子戸を開けて外に出る。
16 室内をカーテンで遮光する。
17 市井の声を政治に反映させる。
18 役員の不正を糾弾する。
19 負債を月賦で償還する。
20 納屋に農機具をしまう。
21 手綱を引いて馬を止めた。
22 汚れを落として靴墨をつけた。
23 祖母は縁起を担ぐ性分だ。
24 日中、海から浦風が吹く。

パワーアップ 2

部首

月　日

/30

1 次の漢字の部首を記せ。

〈例〉菜〔艹〕　間〔門〕

1 褒（　）
2 串（　）
3 鎌（　）
4 窯（　）
5 傑（　）
6 醒（　）
7 爵（　）
8 瓦（　）
9 賓（　）
10 脊（　）
11 崖（　）
12 骸（　）
13 須（　）
14 寧（　）
15 戻（　）
16 克（　）
17 辱（　）
18 羞（　）
19 斉（　）
20 塁（　）
21 栽（　）
22 殼（　）
23 辛（　）
24 旋（　）
25 泰（　）
26 磨（　）
27 督（　）
28 喪（　）
29 夢（　）
30 凹（　）

2

次の漢字の部首を記せ。

〈例〉 菜 艹 間 門

/34

1 塞（　）
2 虜（　）
3 竜（　）
4 釜（　）
5 臭（　）
6 升（　）
7 致（　）
8 卵（　）
9 羅（　）
10 亭（　）
11 耗（　）
12 款（　）
13 箋（　）
14 甚（　）
15 虹（　）
16 乏（　）
17 薫（　）
18 羨（　）
19 惧（　）
20 刃（　）
21 嗣（　）
22 瓶（　）
23 畝（　）
24 遜（　）
25 摩（　）
26 戴（　）
27 奔（　）
28 亜（　）
29 累（　）
30 充（　）
31 舷（　）
32 緻（　）
33 暮（　）
34 丙（　）

3 次の漢字の部首を記せ。

〈例〉菜［艹］ 間［門］

/34

1 弔（　　）
2 劾（　　）
3 衷（　　）
4 旦（　　）
5 乞（　　）
6 爪（　　）
7 睦（　　）
8 幾（　　）

9 索（　　）
10 茨（　　）
11 鶏（　　）
12 癒（　　）
13 魂（　　）
14 以（　　）
15 彩（　　）
16 采（　　）

17 塡（　　）
18 呂（　　）
19 幣（　　）
20 老（　　）
21 辞（　　）
22 翼（　　）
23 尼（　　）
24 鍵（　　）
25 臼（　　）

26 腺（　　）
27 憧（　　）
28 宵（　　）
29 革（　　）
30 衰（　　）
31 廷（　　）
32 罷（　　）
33 頻（　　）
34 既（　　）

4

次の漢字の部首を記せ。

〈例〉菜［艹］　間［門］

/34

1 辣（　）
2 蹴（　）
3 匂（　）
4 弄（　）
5 死（　）
6 唇（　）
7 企（　）
8 履（　）

9 虐（　）
10 甲（　）
11 椎（　）
12 尿（　）
13 毀（　）
14 挨（　）
15 綻（　）
16 堪（　）

17 循（　）
18 閥（　）
19 赴（　）
20 了（　）
21 奇（　）
22 叔（　）
23 玄（　）
24 項（　）
25 韓（　）

26 凄（　）
27 臆（　）
28 窮（　）
29 徹（　）
30 靴（　）
31 壱（　）
32 威（　）
33 豪（　）
34 釈（　）

5

次の漢字の部首を記せ。

〈例〉菜〔艹〕　間〔門〕

/34

1 旺（　）
2 尻（　）
3 藍（　）
4 箸（　）
5 享（　）
6 煩（　）
7 冶（　）
8 音（　）
9 匠（　）
10 斗（　）
11 卑（　）
12 般（　）
13 畿（　）
14 彙（　）
15 腎（　）
16 矯（　）
17 叙（　）
18 弊（　）
19 宰（　）
20 恭（　）
21 更（　）
22 秀（　）
23 丹（　）
24 舞（　）
25 裾（　）
26 璃（　）
27 捗（　）
28 献（　）
29 軟（　）
30 斥（　）
31 吏（　）
32 殉（　）
33 執（　）
34 髪（　）

熟語の構成

月　日

/24

1 熟語の構成のしかたには次のようなものがある。

ア 同じような意味の漢字を重ねたもの（岩石）
イ 反対または対応の意味を表す字を重ねたもの（高低）
ウ 上の字が下の字を修飾しているもの（洋画）
エ 下の字が上の字の目的語・補語になっているもの（着席）
オ 上の字が下の字の意味を打ち消しているもの（非常）

次の熟語は右のア～オのどれにあたるか、一つ選び、記号で記せ。

1 真摯（　）
2 要塞（　）
3 和睦（　）
4 経緯（　）
5 功罪（　）
6 暗礁（　）
7 毀損（　）
8 誓詞（　）
9 覇権（　）
10 放逐（　）
11 俊秀（　）
12 露顕（　）
13 遡源（　）
14 解剖（　）
15 遮音（　）
16 報酬（　）
17 遵法（　）
18 防疫（　）
19 徹夜（　）
20 臆面（　）
21 釣果（　）
22 未来（　）
23 全潰（　）
24 不祥（　）

2

熟語の構成のしかたには次のようなものがある。

/28

ア 同じような意味の漢字を重ねたもの（岩石）
イ 反対または対応の意味を表す字を重ねたもの（高低）
ウ 上の字が下の字を修飾しているもの（洋画）
エ 下の字が上の字の目的語・補語になっているもの（着席）
オ 上の字が下の字の意味を打ち消しているもの（非常）

次の熟語は右のア〜オのどれにあたるか、一つ選び、記号で記せ。

1 疎密（　）
2 糾弾（　）
3 痛快（　）
4 賠償（　）
5 旋風（　）
6 遷都（　）
7 覚醒（　）
8 明滅（　）
9 遡行（　）
10 謹呈（　）
11 間隙（　）
12 沃野（　）
13 籠城（　）
14 叱責（　）
15 擬似（　）
16 無窮（　）
17 漆黒（　）
18 旋回（　）
19 河畔（　）
20 諭旨（　）
21 扶助（　）
22 狙撃（　）
23 酪農（　）
24 不屈（　）
25 怒号（　）
26 懐古（　）
27 楽譜（　）
28 拙劣（　）

3 熟語の構成のしかたには次のようなものがある。　／28

ア　同じような意味の漢字を重ねたもの（岩石）
イ　反対または対応の意味を表す字を重ねたもの（高低）
ウ　上の字が下の字を修飾しているもの（洋画）
エ　下の字が上の字の目的語・補語になっているもの（着席）
オ　上の字が下の字の意味を打ち消しているもの（非常）

次の熟語は右のア～オのどれにあたるか、一つ選び、記号で記せ。

1 把握（　）
2 出納（　）
3 来賓（　）
4 危惧（　）
5 妄信（　）
6 無粋（　）
7 咽喉（　）
8 媒介（　）
9 座礁（　）
10 明瞭（　）
11 争覇（　）
12 存廃（　）
13 謙遜（　）
14 広漠（　）
15 汎論（　）
16 戴冠（　）
17 核心（　）
18 全貌（　）
19 頒価（　）
20 義憤（　）
21 破戒（　）
22 仙境（　）
23 旅愁（　）
24 叙景（　）
25 具備（　）
26 未満（　）
27 蔑視（　）
28 弊風（　）

4 熟語の構成のしかたには次のようなものがある。

/28

ア 同じような意味の漢字を重ねたもの（岩石）
イ 反対または対応の意味を表す字を重ねたもの（高低）
ウ 上の字が下の字を修飾しているもの（洋画）
エ 下の字が上の字の目的語・補語になっているもの（着席）
オ 上の字が下の字の意味を打ち消しているもの（非常）

次の熟語は右のア〜オのどれにあたるか、一つ選び、記号で記せ。

1 隠蔽（　）
2 哀歓（　）
3 模擬（　）
4 併記（　）
5 畏怖（　）
6 沃土（　）
7 克己（　）
8 傲慢（　）
9 灯籠（　）
10 殉難（　）
11 際限（　）
12 叱声（　）
13 還暦（　）
14 赦免（　）
15 蛮勇（　）
16 捜索（　）
17 懇望（　）
18 不遜（　）
19 分析（　）
20 弔辞（　）
21 無為（　）
22 凡庸（　）
23 公僕（　）
24 挑戦（　）
25 汎用（　）
26 原義（　）
27 禍根（　）
28 退廷（　）

5 熟語の構成のしかたには次のようなものがある。

/28

ア 同じような意味の漢字を重ねたもの（岩石）
イ 反対または対応の意味を表す字を重ねたもの（高低）
ウ 上の字が下の字を修飾しているもの（洋画）
エ 下の字が上の字の目的語・補語になっているもの（着席）
オ 上の字が下の字の意味を打ち消しているもの（非常）

次の熟語は右のア〜オのどれにあたるか、一つ選び、記号で記せ。

1 違背（　）
2 盲信（　）
3 殉教（　）
4 開拓（　）
5 画趣（　）
6 無恥（　）
7 空隙（　）
8 嫉視（　）
9 抹茶（　）
10 憧憬（　）
11 妖術（　）
12 懲悪（　）
13 陳述（　）
14 逓送（　）
15 迎賓（　）
16 伴侶（　）
17 嗅覚（　）
18 養蜂（　）
19 罷免（　）
20 奔流（　）
21 叙任（　）
22 愚痴（　）
23 孤塁（　）
24 徹底（　）
25 彼我（　）
26 共謀（　）
27 早晩（　）
28 輪禍（　）

四字熟語

月　日

1 次の四字熟語について、問1と問2に答えよ。

/13

問1 次の四字熟語の（1〜8）に入る適切な語を下の□の中から選び、漢字二字で記せ。

ア 沃野（1）
イ 犬牙（2）
ウ 明鏡（3）
エ 冷汗（4）
オ （5）西走
カ （6）夜行
キ （7）妄動
ク 朝三（8）

けいきょ
さんと
しすい
せんり
そうせい
とうほん
ひゃっき
ぼし

問2 次の9〜13の意味にあてはまるものを問1のア〜クの四字熟語から一つ選び、記号で記せ。

9 よく考えもせずむやみやたらに行うこと。（　）
10 澄み切った心境。（　）
11 ひどく恥ずかしかったり恐ろしかったりすること。（　）
12 あちこち忙しく駆け回ること。（　）
13 地味の肥えた土地がどこまでも広がること。（　）

2 次の四字熟語について、問1と問2に答えよ。

/15

問1 次の四字熟語の（1～10）に入る適切な語を下の□の中から選び、漢字二字で記せ。

ア 生者（1）
イ 盲亀（2）
ウ 斬新（3）
エ（4）水明
オ 四分（5）
カ（6）東風
キ 二律（7）
ク（8）心小
ケ（9）一紅
コ（10）弄法

きばつ
ごれつ
さんし
たんだい
はいはん
ばじ
ばんりょく
ひつめつ
ぶぶん
ふぼく

問2 次の11～15の意味にあてはまるものを問1のア～コの四字熟語から一つ選び、記号で記せ。

11 秩序が乱れてまとまりを失っているさま。（　）
12 他人の意見や批評を聞き流すこと。（　）
13 多くの中で目立って優れていること。（　）
14 風光が清らかで美しいさま。（　）
15 極めてまれなことのたとえ。（　）

3

次の四字熟語について、問1と問2に答えよ。

/15

問1 次の四字熟語の（1～10）に入る適切な語を下の□の中から選び、漢字二字で記せ。

ア 汎愛（1）
イ 報怨（2）
ウ 群雄（3）
エ 面目（4）
オ（5）不敵
カ（6）無援
キ 粉骨（7）
ク 支離（8）
ケ 正真（9）
コ（10）無二

いとく
かっきょ
けんり
こりつ
さいしん
しょうめい
だいたん
めつれつ
やくじょ
ゆいいつ

問2 次の11～15の意味にあてはまるものを問1のア～コの四字熟語から一つ選び、記号で記せ。

11 かけがえのないこと。（　）
12 その人らしさがよくあらわれていること。（　）
13 全力を尽くして働くこと。（　）
14 ばらばらで筋道が通っていないこと。（　）
15 うらみに対して仁愛の心で応えること。（　）

4 次の四字熟語について、問1と問2に答えよ。

/15

問1 次の四字熟語の（1〜10）に入る適切な語を下の□の中から選び、漢字二字で記せ。

ア 籠鳥（1）
イ（2）万紅
ウ 妖言（3）
エ 勧善（4）
オ（5）協同
カ 竜頭（6）
キ（7）令色
ク（8）転変
ケ（9）肉林
コ 栄枯（10）

うい
こうげん
しゅち
せいすい
せんし
だび
ちょうあく
れんうん
わくしゅう
わちゅう

問2 次の11〜15の意味にあてはまるものを問1のア〜コの四字熟語から一つ選び、記号で記せ。

11 心をひとつにして事にあたること。（ ）

12 ぜいたくの限りを尽くした宴会。（ ）

13 相手の歓心を買おうとして言葉を飾り、表情を取り繕うこと。（ ）

14 初めは勢いがよいが、終わりは振るわないこと。（ ）

15 色とりどりの花が咲き乱れているさま。（ ）

5 次の四字熟語について、問1と問2に答えよ。

/15

問1 次の四字熟語の（1～10）に入る適切な語を下の［　］の中から選び、漢字二字で記せ。

ア 錦衣（1）
イ （2）万象
ウ （3）当千
エ （4）牛後
オ 片言（5）
カ 粒粒（6）
キ 妖怪（7）
ク （8）玩味
ケ （9）得喪
コ （10）自重

いっき
いんにん
かふく
ぎょくしょく
けいこう
じゅくどく
しんく
しんら
せきご
へんげ

問2 次の11～15の意味にあてはまるものを問1のア～コの四字熟語から一つ選び、記号で記せ。

11 ぜいたくな暮らし。（　）
12 じっとこらえて軽々しい行動を取らないこと。（　）
13 ずばぬけて強いこと。（　）
14 よいこともあれば、悪いこともあること。（　）
15 ほんのちょっとした言葉。（　）

対義語・類義語

月　日

1

次の1〜4の対義語、5〜8の類義語を後の［　］の中から選び、漢字で記せ。［　］の中の語は一度だけ使うこと。

／8

対義語

1 潤沢―（　　）
2 委細―（　　）
3 更生―（　　）
4 粗雑―（　　）

類義語

5 遺恨―（　　）
6 永眠―（　　）
7 核心―（　　）
8 序文―（　　）

おんねん・がいりゃく・こかつ・しょげん・せいきょ・だらく・ちみつ・ちゅうすう

2

次の1〜5の対義語、6〜10の類義語を後の［　］の中から選び、漢字で記せ。［　］の中の語は一度だけ使うこと。

／10

対義語

1 軽侮―（　　）
2 慶賀―（　　）
3 寛容―（　　）
4 発病―（　　）
5 高慢―（　　）

類義語

6 奇抜―（　　）
7 困苦―（　　）
8 漂泊―（　　）
9 絶壁―（　　）
10 手柄―（　　）

あいとう・きょうりょう・くんこう・けんきょ・ざんしん・しんさん・すうはい・だんがい・ちゆ・るろう

3

次の1〜5の対義語、6〜10の類義語を後の□の中から選び、漢字で記せ。□の中の語は一度だけ使うこと。

/10

対義語

1 獲得―（　　）
2 巧妙―（　　）
3 飽食―（　　）
4 希薄―（　　）
5 緩慢―（　　）

類義語

6 傾斜―（　　）
7 無欠―（　　）
8 反逆―（　　）
9 隷従―（　　）
10 無事―（　　）

あんたい・かんぺき・きが・きょうじゅん・こうばい・じんそく・せつれつ・そうしつ・のうこう・むほん

4

次の1〜5の対義語、6〜10の類義語を後の□の中から選び、漢字で記せ。□の中の語は一度だけ使うこと。

/10

対義語

1 無欲―（　　）
2 暴露―（　　）
3 炎暑―（　　）
4 真理―（　　）
5 清浄―（　　）

類義語

6 痛烈―（　　）
7 掃討―（　　）
8 無口―（　　）
9 平素―（　　）
10 我慢―（　　）

おだく・かもく・きょぎ・くちく・こっかん・しんらつ・どんよく・にんたい・ひごろ・ひとく

5

次の1〜5の対義語、6〜10の類義語を後の[ ]の中から選び、漢字で記せ。[ ]の中の語は一度だけ使うこと。

/10

対義語

1 偉大―（　）
2 衰亡―（　）
3 特殊―（　）
4 不足―（　）
5 永遠―（　）

類義語

6 誠実―（　）
7 法師―（　）
8 混乱―（　）
9 抜粋―（　）
10 根絶―（　）

かじょう・しょうろく・しんし・せつな・そうりょ・ふへん・ふんきゅう・ぼくめつ・ぼっこう・ぼんよう

6

次の1〜5の対義語、6〜10の類義語を後の[ ]の中から選び、漢字で記せ。[ ]の中の語は一度だけ使うこと。

/10

対義語

1 愛護―（　）
2 凝固―（　）
3 固辞―（　）
4 畏敬―（　）
5 軽快―（　）

類義語

6 監禁―（　）
7 譲歩―（　）
8 平穏―（　）
9 湯船―（　）
10 工面―（　）

あんねい・かいだく・ぎゃくたい・そうちょう・だきょう・ねんしゅつ・ぶべつ・ゆうかい・ゆうへい・よくそう

7

次の1〜5の対義語、6〜10の類義語を後の[ ]の中から選び、漢字で記せ。[ ]の中の語は一度だけ使うこと。

/10

対義語

1 不毛―（　　）
2 栄転―（　　）
3 国産―（　　）
4 賢明―（　　）
5 威圧―（　　）

類義語

6 懇親―（　　）
7 丹念―（　　）
8 功名―（　　）
9 同輩―（　　）
10 豊富―（　　）

あんぐ・かいじゅう・させん・しゅくん・じゅんたく・しんぼく・ていねい・どうりょう・はくらい・ひよく

8

次の1〜5の対義語、6〜10の類義語を後の[ ]の中から選び、漢字で記せ。[ ]の中の語は一度だけ使うこと。

/10

対義語

1 没落―（　　）
2 覚醒―（　　）
3 混乱―（　　）
4 解放―（　　）
5 過激―（　　）

類義語

6 留意―（　　）
7 奮戦―（　　）
8 難点―（　　）
9 屋敷―（　　）
10 堪忍―（　　）

おんけん・かんとう・かんべん・けっかん・さいみん・そくばく・ちつじょ・ていたく・はいりょ・ぼっこう

9

次の1～5の対義語、6～10の類義語を後の［ ］の中から選び、漢字で記せ。［ ］の中の語は一度だけ使うこと。

/10

対義語

1 絶賛—（ ）
2 崇拝—（ ）
3 冗漫—（ ）
4 禁欲—（ ）
5 哀悼—（ ）

類義語

6 工事—（ ）
7 両雄—（ ）
8 献上—（ ）
9 忘我—（ ）
10 歴史—（ ）

えんかく・かんけつ・きょうらく・きんてい・けいが・けいぶ・そうへき・とうすい・ばとう・ふしん

10

次の1～5の対義語、6～10の類義語を後の［ ］の中から選び、漢字で記せ。［ ］の中の語は一度だけ使うこと。

/10

対義語

1 侵害—（ ）
2 受諾—（ ）
3 切開—（ ）
4 挫折—（ ）
5 虚弱—（ ）

類義語

6 沈着—（ ）
7 人相—（ ）
8 中核—（ ）
9 阻害—（ ）
10 永遠—（ ）

がんけん・かんてつ・きょひ・こうきゅう・じゃま・すうじく・たいぜん・ほうごう・ようご・ようぼう

同音・同訓異字

1 次の――線のカタカナを漢字に直せ。

月　日

/16

1 ショウチュウに梅干しを入れる。（　　）
2 全てをショウチュウに収める。（　　）
3 近所の耳鼻インコウ科を探す。（　　）
4 インコウ防止条例を制定する。（　　）
5 ソウレツな生きざまを胸に刻む。（　　）
6 恩師のソウレツに加わる。（　　）
7 カンジョウ道路を進む。（　　）
8 食事のカンジョウを済ませる。（　　）
9 心を静めてスミをする。（　　）
10 部屋のスミに荷物を置く。（　　）
11 二人の仲を引きサくのは無理だ。（　　）
12 休みの日は趣味に時間をサく。（　　）
13 コトの演奏会に出かける。（　　）
14 彼とは意見をコトにする。（　　）
15 住宅一ムネが火事で全焼した。（　　）
16 話があるムネを連絡する。（　　）

2 次の――線のカタカナを漢字に直せ。

/18

1 自転車の通行が**ボウガイ**された。
2 **ボウガイ**の喜びを感じる。

3 **シエン**を晴らしても仕方がない。
4 被災地に**シエン**物資を運ぶ。

5 港内に**カンテイ**が停泊している。
6 古美術の**カンテイ**を頼まれる。

7 **ジョウヨ**金を会員に分配する。
8 国有地が市に**ジョウヨ**される。

9 会長の訓話を**キンチョウ**する。
10 本番を控えて**キンチョウ**する。

11 危険を**オカ**して計画を実行する。
12 罪を**オカ**したことを悔いる。

13 泥**ナワ**式では役に立たない。
14 **ナワ**代で稲を育てる。

15 バケツから水が**モ**る。
16 お菓子を大皿に**モ**る。

17 コーヒー豆を**イ**るのも修業だ。
18 鐘を潰して大砲を**イ**る。

3

次の――線のカタカナを漢字に直せ。

/18

1 テイカンの念が胸に広がる。
2 会社のテイカンを変更する。

3 不動産のトウキ簿を閲覧する。
4 トウキの皿をテーブルに並べる。

5 ケイコウペンで線を引く。
6 身分証明書をケイコウする。

7 フランス文学にケイトウする。
8 バスのケイトウを調べる。

9 出産、入学とケイジが続く。
10 お知らせをケイジ板に貼る。

11 危険なカけに勝つ。
12 公園のベンチに腰をカける。

13 貝ガラを耳に当てる。
14 酒の銘ガラは気にしない。

15 不思議な思いにカられる。
16 さっぱりと頭をカり上げる。

17 梅雨時は部屋がムれる。
18 草原に羊がムれている。

4 次の――線のカタカナを漢字に直せ。

/18

1 **カンセイ**塔からの指示を待つ。（　　）
2 **カンセイ**な郊外で生まれ育った。（　　）
3 市が文化事業を**ショウレイ**する。（　　）
4 この病気の**ショウレイ**はまれだ。（　　）
5 英雄を将軍に**スイタイ**する。（　　）
6 宴会で**スイタイ**をさらす。（　　）
7 労使間の**フンキュウ**は必至だ。（　　）
8 王を葬る**フンキュウ**の跡に立つ。（　　）

9 医療費抑制の**シサク**を講じる。（　　）
10 次世代機の**シサク**品が完成する。（　　）
11 寒いので厚手の靴下を**ハ**いた。（　　）
12 父が珍しく弱音を**ハ**いた。（　　）
13 **マユ**をゆでて生糸を取り出す。（　　）
14 **マユ**毛一つ動かさずに話を聞く。（　　）
15 **エ**の長いひしゃくで水をくむ。（　　）
16 包帯を幾**エ**にも巻く。（　　）
17 黒板を日直がきれいに**フ**く。（　　）
18 火山が煙を**フ**く。（　　）

5 次の――線のカタカナを漢字に直せ。

/18

1 暗闇で猫のドウコウが開く。
2 市場のドウコウを見守る。
3 弁護士にショウガイを任せる。
4 ショウガイ現役で活躍する。
5 消費社会にケイショウを鳴らす。
6 伝統技術のケイショウ者に会う。
7 非難のオウシュウに終始する。
8 オウシュウ物を返却する。
9 血液のジュンカンをよくする。
10 ジュンカンの雑誌を購読する。
11 スと塩を料理にかける。
12 木の上にカラスのスがある。
13 喉がカワいたので水を飲む。
14 カワいた空気が気持ちよい。
15 浜辺でウラ風に吹かれる。
16 記事のウラづけをとる。
17 トコ夏の島で暮らす。
18 体位を変えてトコ擦れを防ぐ。

郵便はがき

お手数ですが
切手をおはり
ください。

605-0074

(受取人)
京都市東山区祇園町南側
551番地
(公財)日本漢字能力検定協会
書籍アンケート係 行

K2406

フリガナ
お名前

〒　　　TEL
ご住所

◆Webからでもお答えいただけます◆

下記URL、または右の二次元コードからアクセスしてください。
https://www.kanken.or.jp/kanken/textbook/step.html

ご記入頂きました個人情報は、アンケートの集計及び粗品の送付、今後の(公財)日本漢字能力検定協会の事業に関するご案内以外の目的には使用しません。また、第三者への開示、弊協会外へ漏洩することもございません。(ただし、業務の一部を、業務提携会社に委託する場合があります。)

16歳未満の方は、保護者の同意の上ご記入ください。

個人情報のご記入は任意でありますが、必須事項をご記入頂けない場合は粗品の送付が出来ない場合がございますので、ご注意ください。

ご記入頂きました個人情報に関する開示、訂正等お問い合わせは、下記の窓口へお願いします。

(公財)日本漢字能力検定協会　個人情報保護責任者　事務局長
個人情報相談窓口　https://www.kanken.or.jp/privacy/

たいせつにしますプライバシー
20000098

今後の出版事業に役立てたいと思いますので、下記のアンケートにご協力ください。抽選で粗品をお送りします。

お買い上げいただいた本（級に○印をつけてください）

『漢検　漢字学習ステップ』

２級　準２級　３級　４級　５級　６級　７級　８級　９級　10級

●年齢＿＿＿＿＿歳　　●性別　男・女

●この教材で学習したあと、漢字検定を受検しましたか？
その結果を教えてください。

a. 受検した（合格）　b. 受検した（不合格）　c. 受検した（結果はまだわからない）　d. 受検していない・受検する予定がない　e. これから受検する・受検するつもりがある

●この教材で学習したことで、語彙力《ごいりょく》がついたと思いますか？

a. 思う　b. 思わない　c. どちらともいえない

●この教材で学習したことで、漢字・日本語への興味はわきましたか？

a. わいた　b. わかなかった　c. どちらともいえない

●この教材で学習したことで、学習習慣は身につきましたか？

a. ついた　b. つかなかった　c. どちらともいえない

●この教材で学習したことで、漢字への自信はつきましたか？

a. ついた　b. つかなかった　c. どちらともいえない

●この教材に満足しましたか？

a. 非常に満足した　b. ある程度満足した　c. どちらともいえない
d. あまり満足しなかった　e. 全く満足しなかった

●この教材で満足したところを、具体的に教えてください。

（　　　　　　　　　　　　　　　　　　　　）

●この教材で不満だったところを、具体的に教えてください。

（　　　　　　　　　　　　　　　　　　　　）

●この教材と一緒に使った教材はありますか？
書籍名を教えてください。

（　　　　　　　　　　　　　　　　　　　　）

ご協力ありがとうございました。

誤字訂正

月　日

/10

1 次の各文にまちがって使われている同じ読みの漢字が一字ある。上に誤字を、下に正しい漢字を記せ。

誤　正

1 彼は肖像画を得意とする宮邸画家として、当時人気を博していた。（　）（　）

2 人々は大量消費社会における自然破壊に恐威を感じ始めた。（　）（　）

3 蒸造酒には日本酒やビールなどがあるが、焼酎やウイスキーは含まれない。（　）（　）

4 新人俳優が大舞台で名演技を披露して、観客の活采を浴びた。（　）（　）

5 彼は深夜に飲酒運転をして人身事故を起こし、超戒免職になった。（　）（　）

6 六歳旧歯は虫歯になりやすいので丁寧に歯磨きすることが必要だ。（　）（　）

7 魔法使いが受文を唱えると、立派な馬車と二人の御者が現れた。（　）（　）

8 電車の中で居眠りして携帯電話を落とし、警察に粉失届を出した。（　）（　）

9 子どものうちは勉強ばかりせず、体を鍛えることを賞励する。（　）（　）

10 冷鉄な目で事実を客観的に分析すれば、正しい評価を下せる。（　）（　）

2

次の各文にまちがって使われている同じ読みの漢字が一字ある。上に誤字を、下に正しい漢字を記せ。

/11

誤 正

1 虫に刺されて左腕に赤い班点ができたので皮膚科に行った。（　）（　）

2 渡航前に、旅行中の事故や盗難などを補奨する保険に加入した。（　）（　）

3 同期入社の出世頭は実力が桁違いなので疾妬する気にもならない。（　）（　）

4 脳座傷を負い、救急車で病院に搬送されて予断を許さない状態だ。（　）（　）

5 明日は健康審断なので、今夜は消化のよい物を食べて早く寝よう。（　）（　）

誤 正

6 国の政策の変更で、進めていたプロジェクトが暗床に乗り上げた。（　）（　）

7 川の水を醸化するため、大学の研究室と地元企業が協力した。（　）（　）

8 給食のお陰で苦手な食べ物を克復し、好き嫌いがなくなった。（　）（　）

9 台風による大雨で洪水が起こり、各地で激尽な被害が出た。（　）（　）

10 この小説は人情の機備に触れていて、読後温かい気持ちになれる。（　）（　）

11 規制看和により貿易が盛んになり、総合商社が活気づいた。（　）（　）

3 次の各文にまちがって使われている同じ読みの漢字が一字ある。上に誤字を、下に正しい漢字を記せ。

/11

誤 正

1 金融政策が裏目に出て物価が高騰し、庶民の生活を圧迫している。（　）（　）

2 裏山にある道窟の中はまるで迷路のようで冒険気分を味わえる。（　）（　）

3 左玄前方に島影が見えたので、上陸するところがあるか目を凝らした。（　）（　）

4 研究は全次進みつつあるが、一朝一夕に成果が出るものでもない。（　）（　）

5 抗生物質を使いすぎると退性がつき、効果が出にくくなるそうだ。（　）（　）

誤 正

6 過去一年分のデータを分積し、傾きかけた経営の立て直しを図る。（　）（　）

7 この城は天然の用塞ともいえ、滅多なことでは攻め込まれない。（　）（　）

8 支援者たちが青年登山家のヒマラヤ単独登頂の早挙をたたえる。（　）（　）

9 第二次世界大戦後、さまざまな施設が米軍に接集された。（　）（　）

10 人的被害を最小限に食い止めるため、火災の予防措置を効じる。（　）（　）

11 熱帯魚を飼うために水倉セットを買い、部屋の中央に置いた。（　）（　）

4 次の各文にまちがって使われている同じ読みの漢字が一字ある。上に誤字を、下に正しい漢字を記せ。

／11

誤 正

1 傲満な態度が鼻についたので、彼には協力しないことにした。（ ）（ ）

2 祖母は呼吸器に失患を抱えており、毎食後、欠かさず薬を飲む。（ ）（ ）

3 富の辺在に苦しむ人々が世界経済の現状に不満を募らせている。（ ）（ ）

4 斬新な作風だが、彼もまた自然主義の系符に連なる作家といえる。（ ）（ ）

5 探偵には甚速且つ正確に情報を集める能力が求められる。（ ）（ ）

6 研究開発投資がもたらす技術進歩の成果を共受する。（ ）（ ）

7 折盗の現行犯で逮捕されたのでは、申し開きはできまい。（ ）（ ）

8 政府は財政支出を呼び水に民間需要を緩起する計画を立てた。（ ）（ ）

9 京都や奈良には名殺があるため、多くの外国人旅行者が訪れる。（ ）（ ）

10 新聞記者が県知事選を控えた与野党の動候を探っている。（ ）（ ）

11 思いがけず褒められた子どもは含愁の表情を浮かべた。（ ）（ ）

5 次の各文にまちがって使われている同じ読みの漢字が一字ある。上に誤字を、下に正しい漢字を記せ。

/11

誤 正

1 一刻の悠予も許されないような緊急事態が発生した。（ ）（ ）

2 被疑者は犯行を認めるよう迫られたが、岩強に否定した。（ ）（ ）

3 かつてこの辺りは炭鉱で、石炭を採窟する労働者が大勢いた。（ ）（ ）

4 市民の声に真恣に耳を傾ける政治家を見抜くことが肝要だ。（ ）（ ）

5 文明の発展には、既成該念を打ち破る新たな発想が求められる。（ ）（ ）

6 労使交衝の結果、水曜日は残業禁止とすることになった。（ ）（ ）

7 毎年家族そろって干型で潮干狩りをするのが恒例となっている。（ ）（ ）

8 高度な専門性が必要な仕事なので、報収も比較的高めだ。（ ）（ ）

9 山歩きでは、擦れ違った人と挨察を交わしあう習慣がある。（ ）（ ）

10 その件は私の管括外なので、適切な人を紹介することにした。（ ）（ ）

11 細致な技巧を凝らした芸術品の数々にため息を漏らす。（ ）（ ）

送りがな

月　日

/18

1 次の——線のカタカナを漢字一字と送りがな（ひらがな）に直せ。

〈例〉問題にコタエル。（答える）

1 人の流れがトドコオル。（　）
2 失敗ばかりで気力がナエル。（　）
3 夜がフケルのも忘れて研究する。（　）
4 ろうそくの炎が風でユラグ。（　）
5 アユが川をサカノボル。（　）
6 楽しげに少女の唇がホコロビル。（　）
7 屋上に看板をカカゲル。（　）

8 競馬で大金をカケル。（　）
9 処分はマヌカレルだろう。（　）
10 やるからには優勝をネラウ。（　）
11 明日モシクハ明後日に伺います。（　）
12 両者の意見にはヘダタリがある。（　）
13 偽物ではないかとアヤシム。（　）
14 必死で努力し、目的をトゲル。（　）
15 心身をキタエルことは大切だ。（　）
16 頼りがいのある先輩をシタウ。（　）
17 万国旗が秋空にヒルガエル。（　）
18 その任務は困難をトモナウ。（　）

2 次の――線のカタカナを漢字一字と送りがな（ひらがな）に直せ。

〈例〉問題にコタエル。（答える）

/20

1 空き缶をツブシてから捨てた。（　）
2 アザケルようにこちらを見た。（　）
3 家族と共に外国へオモムク。（　）
4 試合はスデニ始まっていた。（　）
5 暑くて食欲がオトロエル。（　）
6 破れた服をツクロウ。（　）
7 うその情報で敵の目をアザムク。（　）
8 希望はクチルことがない。（　）
9 小舟が波間にタダヨウ。（　）
10 本社にアテル書類をそろえる。（　）
11 泣きハラシた目で見つめられる。（　）
12 人もウラヤムほど仲がいい。（　）
13 兄はオダヤカナ性格だ。（　）
14 騒音で安眠がサマタゲられた。（　）
15 コゴエルような寒さに耐える。（　）
16 空高くたこをアゲル。（　）
17 ウレルとバナナは黒くなる。（　）
18 汗クサイのでシャワーを浴びる。（　）
19 イサギヨイ態度で謝る。（　）
20 自由時間は読書にツイヤス。（　）

3 次の——線のカタカナを漢字一字と送りがな（ひらがな）に直せ。

〈例〉問題にコタエル。（答える）

/20

1 ワズカナ食料を分け合う。（　）
2 草むらにヘビがヒソム。（　）
3 アキラメルのはまだ早い。（　）
4 虫を見るような目でサゲスム。（　）
5 秘密をモラスわけにはいかない。（　）
6 注意をオコタラないようにする。（　）
7 友人の豊かな才能をネタム。（　）
8 風雨にさらされて塗装がハゲル。（　）
9 ボーナスが出て懐がウルオウ。（　）

10 口にするのもケガラワシイ。（　）
11 タクミナわなを張り巡らす。（　）
12 甘い言葉でソソノカサれる。（　）
13 枝を拾って縄でシバル。（　）
14 それは誤解もハナハダシイ。（　）
15 落雷で木が真っ二つにサケル。（　）
16 器用に人形をアヤツル。（　）
17 アツカマシイお願いをする。（　）
18 彼はニクラシイほど歌がうまい。（　）
19 規則を破るとはナゲカワシイ。（　）
20 完走した子どもをホメル。（　）

4 次の――線のカタカナを漢字一字と送りがな（ひらがな）に直せ。

〈例〉問題にコタエル。（ 答える ）

/20

1 マギラワシイ表現に困惑した。（ ）
2 伝統がホロビルことを恐れる。（ ）
3 遅刻した生徒をシカル。（ ）
4 話の要点を的確にトラエル。（ ）
5 ワズラワシイことは避けて通る。（ ）
6 服装の流行にウトイようだ。（ ）
7 騒音に思わず耳をフサグ。（ ）
8 消費者もカシコクなっている。（ ）
9 ミダラナ行為を戒める。（ ）

10 電車に遅れそうになりアセル。（ ）
11 娘盛りのニオウような美しさだ。（ ）
12 暇にアカシて食べ歩く。（ ）
13 卑怯《ひきょう》なオドシには屈しない。（ ）
14 研究のため睡眠時間をケズル。（ ）
15 コップをテーブルの上にフセル。（ ）
16 ケムルような雨の中を歩く。（ ）
17 子どもの成長はイチジルシイ。（ ）
18 あのぶどうはスッパイ。（ ）
19 君の話はマッタク信じられない。（ ）
20 祖父の機嫌をソコネルと厄介だ。（ ）

5 次の——線のカタカナを漢字一字と送りがな（ひらがな）に直せ。

〈例〉問題に**コタエル**。（ 答える ）

/20

1 **ノロワ**れた運命に打ち勝つ。（ ）
2 相手をひどく**ノノシル**。（ ）
3 タオルで汗を**ヌグウ**。（ ）
4 彼女には**アヤシイ**魅力がある。（ ）
5 ついに化けの皮が**ハガレル**。（ ）
6 木を**ユスル**と葉が落ちてきた。（ ）
7 服の袖が**スレル**のを防ぐ。（ ）
8 山は雪で**オオワ**れていた。（ ）
9 何か**ヒイデル**ものが欲しい。（ ）
10 睡眠不足は健康を**ソコナウ**。（ ）
11 苦労をすると早く**フケル**。（ ）
12 自慢げに胸を**ソラス**。（ ）
13 赤ん坊を見て表情を**ヤワラゲル**。（ ）
14 国民にさらなる負担を**シイル**。（ ）
15 小犬に**ナツカ**れて戸惑う。（ ）
16 **イツワラ**ざる気持ちを伝える。（ ）
17 質問に答えるのを**シブル**。（ ）
18 君の行動は**ハナハダ**迷惑だ。（ ）
19 人に会うのを**ウトマシク**思う。（ ）
20 不正に対し**イキドオリ**を感じる。（ ）

書き取り

月　日

/22

1 次の——線のカタカナを漢字に直せ。

1 チョウが花のミツを吸う。
2 カンペキな計画などない。
3 フロ掃除は当番制だ。
4 五年前のセツジョクを果たす。
5 祖父はボンサイが趣味だ。
6 心地よいクンプウが吹く。
7 割った花瓶をベンショウする。
8 額に入れたショウゾウ画を飾る。
9 選手登録をマッショウされた。
10 知人に就職のベンギを図る。
11 気づくとヨイヤミが迫っていた。
12 ズボンのスソを上げてもらう。
13 イノチガけで戦地を取材する。
14 新居のムネアげ式を行った。
15 表情から相手の真意をサトる。
16 帽子をマブカにかぶった。
17 コウゴウしい音楽が響き渡る。
18 床をミガいてワックスをかけた。
19 悪いうわさを小耳にハサんだ。
20 過去の秘密がアバかれた。
21 地獄のサタも金次第。
22 泣きっ面にハチ。

2 次の――線のカタカナを漢字に直せ。

/24

1 ピアノのケンバンをたたく。
2 ケイベツのまなざしが痛い。
3 徹夜して体力をショウモウする。
4 通貨のギゾウは犯罪だ。
5 努力がスイホウに帰する。
6 職業センタクの自由がある。
7 噴火でデイリュウが押し寄せる。
8 非常口のテッピを閉めた。
9 重たいウスで小麦をひく。
10 桜のつぼみがホコロびる。
11 単元のネラいを理解する。
12 城の周りのホリで釣りをする。
13 雪道で足をスべらせた。
14 カイヅカから土器が出土した。
15 タツマキで甚大な被害が出た。
16 戦争をするのはオロかなことだ。
17 ご愛顧をタマワっております。
18 大声でオドし文句を並べ立てた。
19 シブい色の着物をあつらえた。
20 忘れ物を取りに自宅へモドった。
21 サジキで芝居を見物する。
22 頭隠してシリ隠さず。
23 眉にツバをつける。
24 火のない所にケムリは立たぬ。

3 次の――線のカタカナを漢字に直せ。

/24

1 **ザンシン**な髪型に驚いた。
2 人間は**ホニュウルイ**だ。
3 私は**ネンポウ**制で働いている。
4 **モホウ**犯の出現を懸念する。
5 部首**サクイン**で漢字を探す。
6 **ケイリュウ**でイワナを釣る。
7 土地の値段が**キュウトウ**した。
8 相手の**コンタン**を見抜く。
9 課長に**ショウカク**する。
10 落ち着いた**フンイキ**の店だ。
11 **ヤッカイ**な仕事を抱えている。
12 **ツマサキ**で立つ練習をする。
13 パンケーキに**ハチミツ**をかける。
14 ひねった足首が**ハ**れる。
15 話が**ワキミチ**にそれる。
16 焼き過ぎて魚を**コ**がした。
17 新しい服を買うか**イナ**か迷う。
18 バラの**クキ**を短く切った。
19 困難を**タク**みに切り抜けた。
20 事故後、意識を回復せずに**ユ**く。
21 演劇部が新入部員を**ツノ**る。
22 ろうそくの**ホノオ**が揺れる。
23 **カセ**ぐに追いつく貧乏なし。
24 **ヨイゴ**しの金は持たぬ。

4 次の――線のカタカナを漢字に直せ。

/24

1 母はセイトンが苦手だ。（　　）
2 会社のシンボク会に出席する。（　　）
3 故人のメイフクを祈念する。（　　）
4 政治家にはドウサツ力が必要だ。（　　）
5 ヨレイが鳴ったら席に着く。（　　）
6 受付でごシュウギを渡す。（　　）
7 利益を消費者にカンゲンする。（　　）
8 バスが市内をジュンカンする。（　　）
9 チツジョのある行動が望まれる。（　　）
10 連合カンタイが出動する。（　　）
11 輸出規制のテッパイを求める。（　　）

12 問題点を的確にハアクする。（　　）
13 ジハダにいいシャンプーを使う。（　　）
14 兄は自分のことを「オレ」と言う。（　　）
15 人の心をモテアソぶのは罪だ。（　　）
16 ニセサツの製造を取り締まる。（　　）
17 エリを正して先生の話を伺う。（　　）
18 日課の運動をナマけてしまった。（　　）
19 か細い虫の音がアワれを誘う。（　　）
20 適当な返答でお茶をニゴす。（　　）
21 本をマタガして注意された。（　　）
22 担任教師の指示をアオぐ。（　　）
23 ヤミヨの鉄砲。（　　）
24 人をノロわば穴二つ。（　　）

2級

総まとめ

今までの学習の成果を試してみましょう。

検定を受けるときの注意事項を記載しましたので、実際の検定のつもりで問題に臨んでください。

■検定時間　60分

【注意事項】

1　問題用紙と答えを記入する用紙は別になっています。答えは全て答案用紙に記入してください。

2　常用漢字の旧字体や表外漢字、常用漢字音訓表以外の読み方は正答とは認められません。

3　検定会場では問題についての説明はありませんので、問題をよく読み、設問の意図を理解して答えを記入してください。

4　答えはHB・B・2Bの鉛筆またはシャープペンシルで、枠内に大きくはっきり書いてください。くずした字や乱雑な書き方は採点の対象になりませんので、ていねいに書くように心がけてください。

5　検定を受ける前に「日本漢字能力検定採点基準」『漢検』受検の際の注意点」（本書巻頭カラーページに掲載）を読んでおいてください。

■マークシート記入について

2級ではマークシート方式の問題があります。次の事項に注意して解答欄をマークしてください。

①HB・B・2Bの鉛筆またはシャープペンシルを使用すること。

②マーク欄は［　］の上から下までぬりつぶすこと。はみ出したり、ほかのマーク欄にかからないように注意すること。正しくマークされていない場合は、採点できないことがあります。

③間違ってマークしたものは消しゴムできれいに消すこと。

④答えは一つだけマークすること（二つ以上マークすると無効）。

①総得点　／200

②総得点　／200

評価	
A	
160点	B
140点	C
120点	D
100点	E

2級 総まとめ ①

(一) 次の――線の漢字の読みをひらがなで記せ。 (30) 1×30

1 粘膜が鬱血して鼻がつまる。
2 仲間のすぐれた作品に嫉妬する。
3 兄に嘲罵を浴びせられる。
4 無脊椎動物について研究する。
5 年を取って涙腺がもろくなった。
6 最前線で大将自ら采配を振る。
7 代表選手と比べても遜色がない。
8 巾着袋に着替えを入れた。
9 頒価は安く抑えたい。
10 自然あふれる仙境の地に暮らす。
11 空疎な議論は時間の無駄だ。
12 文書で遺憾の意を表した。
13 北方の営巣地から渡り鳥が来る。

(二) 次の漢字の部首を記せ。 (10) 1×10

〈例〉菜 [艹] 間 [門]

1 虞
2 潰
3 彰
4 麓
5 昆

6 凸
7 窃
8 崇
9 摯
10 帥

(三) 熟語の構成のしかたには次のようなものがある。 (20) 2×10

ア 同じような意味の漢字を重ねたもの (岩石)

(四) 次の四字熟語について、問1と問2に答えよ。 (30)

問1 次の四字熟語の（1～10）に入る適切な語を下の[ ]の中から選び、漢字二字で記せ。 (20) 2×10

ア 羊質（ 1 ）
イ 熱願（ 2 ）
ウ 心頭（ 3 ）
エ 小心（ 4 ）
オ 怒髪（ 5 ）
カ（ 6 ）奇策
キ（ 7 ）一刻
ク（ 8 ）万里

うんでい　こひ　しゅんしょう　しょうてん　せいれん　てんか　みょうけい　めっきゃく　よくよく　れいてい

14 骨折した腕が快癒した。

15 私淑する作家の講演会に行く。

16 彼は法律を狭義に解釈した。

17 都内に豪壮な邸宅を建てる。

18 種苗を専門に扱う店だ。

19 彼女は純朴で飾り気がない。

20 重要な資料が散逸してしまった。

21 テーブルには肘をつかない。

22 勉強不足であることは否めない。

23 世間の驚きは想像に難くない。

24 原稿用紙の升目を埋める。

25 ツタが壁に絡みついている。

26 昔からの風習が廃れてしまった。

27 レモンの汁をしぼる。

28 まだ年端も行かない子どもだ。

29 薄幸な身の上を愁える。

30 犯した過ちを悔い改めた。

イ　反対または対応の意味を表す字を重ねたもの　（**高低**）

ウ　上の字が下の字を修飾しているもの　（**洋画**）

エ　下の字が上の字の目的語・補語になっているもの　（**着席**）

オ　上の字が下の字の意味を打ち消しているもの　（**非常**）

次の熟語は右の**ア〜オ**のどれにあたるか、**一つ**選び、**記号にマーク**せよ。

1 禁錮

2 山麓

3 収賄

4 未踏

5 興廃

6 毀誉

7 遭難

8 妄想

9 不惑

10 享受

ケ　錦上（ 9 ）

コ（ 10 ）潔白

問2　次の11〜15の**意味**にあてはまるものを**問1**の**ア〜コ**の**四字熟語**から**一つ**選び、**記号にマーク**せよ。　(10) 2×5

11 意表を突く、極めて巧みなはかりごと。

12 外見は立派だが中身がないこと。

13 びくびくしているさま。

14 比較にならないほど大きな差があること。

15 心の中の雑念を消すこと。

(五) 次の1～5の**対義語**、6～10の**類義語**を後の□の中から選び、**漢字**で記せ。□の中の語は一度だけ使うこと。 (20) 2×10

対義語

1 尊敬
2 横柄
3 新奇
4 厳格
5 巧遅

類義語

6 瞬間
7 貧困
8 敏腕
9 厳粛
10 他界

かんよう・きゅうぼう・けいべつ・けんきょ・せいきょ・せっそく・せつな・そうちょう・ちんぷ・らつわん

(七) 次の各文にまちがって使われている**同じ読みの漢字**が**一字**ある。**上に誤字**を、**下に正しい漢字**を記せ。 (10) 2×5

1 森林の土状には、有機物を無機物にする分解者として、細菌などの微生物が多く存在する。
2 独裁者に対する不満が噴出し、ついに民衆が砲起したが、政府は武力を用いて鎮圧した。
3 日本の造丙局では、金属製のものとして、硬貨のほか勲章・褒章なども造られている。
4 宇宙船内部での水耕採培システムなど、宇宙で自給生活をするための研究が進められている。
5 携帯電話が詐疑に悪用されることが増えたため、契約時の本人確認が義務づけられている。

(八) 次の――線の**カタカナ**を**漢字一字**と**送りがな**（**ひらがな**）に直せ。 (10) 2×5

〈例〉 問題に**コタエル**。 答える

5 精神の**ヘイコウ**を保っている。
6 学校の**モンピ**は午前六時に開く。
7 関連事案を**ホウカツ**して扱う。
8 通り魔の**キョウジン**を逃れた。
9 会長の意向を**ダシン**する。
10 **オウヒ**主催の夕食会に招かれた。
11 仏道に**キエ**して出家する。
12 **ハンソデ**のTシャツを着る。
13 **ドナベ**で炊いたご飯はおいしい。
14 **リョウワキ**を抱えて立たせる。

(六) 次の——線のカタカナを漢字に直せ。 (20) 2×10

1 ダンガイに犯人を追いつめる。
2 長官のダンガイ決議案を出す。
3 革命でユウシュウの身となる。
4 ユウシュウな成績で卒業する。
5 景気フヨウ策を提案する。
6 フヨウ家族が増える。
7 現在新居をフシン中だ。
8 フシンな人物を見かけたか尋ねる。
9 先方の意向をクむ。
10 椅子に座って足をクむ。

1 もう手のホドコシようがない。
2 ナメラカナ口調で自己紹介する。
3 語学が堪能でウラヤマシイ。
4 舞台でバイオリンをカナデル。
5 子どもは帰るのをイヤガッた。

(九) 次の——線のカタカナを漢字に直せ。 (50) 2×25

1 私におハチが回ってきた。
2 何のコンセキもとどめていない。
3 邪魔が入り、改革がトンザした。
4 傷口のエンショウを薬で抑える。

15 チェスのコマを動かす。
16 ヤミに一筋の光が差す。
17 キュウリとタコのスの物を作る。
18 弓のツルの張り具合を確かめる。
19 持久走で友人にセり勝った。
20 老舗の味にシタツヅミを打つ。
21 作品にタマシイを込める。
22 弁解は恥のウワヌりだ。
23 電車のアミダナに荷物を載せた。
24 世間から完全にホウムられた。
25 臭いものにフタをする。

2級 総まとめ ① 答案用紙

※実際の検定での用紙の大きさとは異なります。

(一) 読み (30)

15	14	13	12	11	10	9	8	7	6	5	4	3	2	1

1×30

(二) 部首 (10)

10	9	8	7	6	5	4	3	2	1

1×10

(四) 四字熟語 (30)

問1 書き取り

9	8	7	6	5	4	3	2	1

2×10

(五) 対義語・類義語 (20)

10	9	8	7	6	5	4	3	2	1

2×10

(七) 誤字訂正 (10)

5	4	3	2	1	
					誤
					正

2×5

(八) 漢字と送りがな (10)

3	2	1

2×5

15	14	13	12	11	10	9	8	7	6

総得点
/200

30	29	28	27	26	25	24	23	22	21	20	19	18	17	16

(三) 熟語の構成 (20)

10	9	8	7	6	5	4	3	2	1
[ア][イ][ウ][エ][オ]	[ア][イ][ウ][エ][オ]	[ア][イ][ウ][エ][オ]	[ア][イ][ウ][エ][オ]	[ア][イ][ウ][エ][オ]	[ア][イ][ウ][エ][オ]	[ア][イ][ウ][エ][オ]	[ア][イ][ウ][エ][オ]	[ア][イ][ウ][エ][オ]	[ア][イ][ウ][エ][オ]

2×10

15	14	13	12	11	問2 意味	10
[ア][イ][ウ][エ][オ] [カ][キ][ク][ケ][コ]	[ア][イ][ウ][エ][オ] [カ][キ][ク][ケ][コ]	[ア][イ][ウ][エ][オ] [カ][キ][ク][ケ][コ]	[ア][イ][ウ][エ][オ] [カ][キ][ク][ケ][コ]	[ア][イ][ウ][エ][オ] [カ][キ][ク][ケ][コ]		

2×5

(六) 同音・同訓異字 (20)

10	9	8	7	6	5	4	3	2	1

2×10

5	4

(九) 書き取り (50)

5	4	3	2	1

2×25

25	24	23	22	21	20	19	18	17	16

2級 総まとめ ②

(一) 次の――線の漢字の読みをひらがなで記せ。 (30) 1×30

1 我が家の犬は臆病だ。
2 漢方薬を煎じて毎日飲む。
3 後援会の方針について詮議する。
4 冥土の土産になる受賞だと喜ぶ。
5 陰鬱な雨空を見上げる。
6 何事にも惑溺せず己を磨く。
7 中国の悠久の歴史を学ぶ。
8 医療費の控除を申請する。
9 業界での角逐は極めて激しい。
10 悪寒がするので早めに休む。
11 最新の紡織機械が導入された。
12 奇跡的に戦禍を免れた。
13 母校に著書を献本する。

(二) 次の漢字の部首を記せ。 (10) 1×10

〈例〉 菜 〔艹〕 間 〔門〕

1 缶
2 袖
3 勅
4 蛍
5 錦

6 顕
7 呈
8 矛
9 妥
10 堆

(三) 熟語の構成のしかたには次のようなものがある。 (20) 2×10

ア 同じような意味の漢字を重ねたもの (岩石)

(四) 次の四字熟語について、問1と問2に答えよ。 (30)

問1 次の四字熟語の(1～10)に入る適切な語を下の□の中から選び、漢字二字で記せ。 (20) 2×10

ア 当意(1)
イ 夏炉(2)
ウ 盛者(3)
エ(4)蓋世
オ 神出(5)
カ(6)頓挫
キ(7)諾諾
ク(8)明瞭

いい　かんたん　きぼつ　こぐん　そくみょう　たいぜん　とうせん　ばつざん　ひっすい　よくよう

14 派手な演出を自粛する。
15 師の薫陶のたまものだ。
16 警察による必死の捜索が続く。
17 巨大な製靴工場を視察した。
18 あの二人は犬猿の仲らしい。
19 国会で聴聞会が開かれる。
20 塀越しに見事な松の木が見えた。
21 くず籠にごみを捨てた。
22 パソコン利用者の裾野を広げる。
23 悪事の誘いに肘鉄砲を食わせる。
24 虎の尾を踏むような行為だ。
25 論戦の火蓋が切られた。
26 彼女は気が利く働き者だ。
27 漆塗りの食器を愛用する。
28 昔の面影がかすかに残っている。
29 世界平和の礎となる構想だ。
30 初日の出に神々しさを感じる。

イ 反対または対応の意味を表す字を重ねたもの　（高低）
ウ 上の字が下の字を修飾しているもの　（洋画）
エ 下の字が上の字の目的語・補語になっているもの　（着席）
オ 上の字が下の字の意味を打ち消しているもの　（非常）

次の熟語は右のア～オのどれにあたるか、**一つ**選び、**記号にマーク**せよ。

1 血痕
2 賄賂
3 未遂
4 出廷
5 多寡
6 浄財
7 旦夕
8 不朽
9 叙勲
10 疲弊

ケ（ 9 ）自若
コ（ 10 ）奮闘

問2
次の11～15の**意味**にあてはまるものを**問1**の**ア～コの四字熟語**から**一つ**選び、**記号にマーク**せよ。　(10) 2×5

11 何か事が起こっても、うろたえず動じないさま。
12 無用なもの、役に立たないもののたとえ。
13 言葉の表現に変化を持たせること。
14 こみいってなくてわかりやすいこと。
15 その場に応じてとっさに機転をきかせること。

(五) 次の1〜5の対義語、6〜10の類義語を後の□の中から選び、漢字で記せ。□の中の語は一度だけ使うこと。 (20) 2×10

対義語

1 名誉
2 醜悪
3 激賞
4 削除
5 虚弱

類義語

6 激怒
7 公表
8 万全
9 指揮
10 対価

かんぺき・きょうそう・さいはい・ちじょく・てんか・ばとう・びれい・ひろう・ふんがい・ほうしゅう

(七) 次の各文にまちがって使われている同じ読みの漢字が一字ある。上に誤字を、下に正しい漢字を記せ。 (10) 2×5

1 慢性的な体の冷えは免益力を下げるという研究結果があり、深刻な病につながる可能性がある。
2 豚の血液から新しいウイルスが発見されたが、これは人には感染しないことが範明した。
3 教授は数学者だが、音楽に対する造形も深く、趣味でバイオリンを演奏しているそうだ。
4 潜水艇に高性能カメラを登載し、深海に生息する珍しい生き物の撮影に成功した。
5 歩き疲れて休んでいたが、岩の間から流れ出る沸き水の音に元気づけられて立ち上がった。

(八) 次の——線のカタカナを漢字一字と送りがな（ひらがな）に直せ。 (10) 2×5

〈例〉問題にコタエル。 答える

5 雨不足でカッスイが心配される。
6 本人にコクジした自画像だ。
7 イチリツ五百円で売り出す。
8 チョウハツに乗ってはいけない。
9 おつかいをしてダチンをもらう。
10 ルイケイ百万部を発行した。
11 イシュウが立ち込め騒動になる。
12 二年振りに王座をダッカンした。
13 失敗への不安がヌグいきれない。
14 マクラが変わると寝つけない。

(六) 次の——線のカタカナを漢字に直せ。 (20) 2×10

1 開会式で選手センセイをした。
2 あの国はセンセイ国家だ。
3 シンシな態度で教えを乞う。
4 シンシらしく振る舞う。
5 トウセキ患者が通院する。
6 議長の間はトウセキを離脱する。
7 神経がカビンになって眠れない。
8 カビンにユリを生ける。
9 かみそりのハが欠けた。
10 うわさが人の口のハに上る。

1 人口が都市部にカタヨル。
2 かなわぬ恋に胸をコガス。
3 どさくさにマギレて逃げ出す。
4 土砂崩れで道がフサガル。
5 野菜をぬかみそにツケル。

(九) 次の——線のカタカナを漢字に直せ。 (50) 2×25

1 材料費のネンシュツに苦労する。
2 この辺りはヒヨクな穀倉地帯だ。
3 組織内のキレツが深まった。
4 教育資金にジュウトウする。

15 もう見つからないとアキラめた。
16 世界のカタスミで暮らす。
17 店先に招きネコの置物を置く。
18 蚕が糸を吐いてマユを作る。
19 若者たちが国のモトイを築く。
20 学校でニワトリを飼育している。
21 大声で歌ってウさを晴らした。
22 武道を通して心身をキタえる。
23 カマモトで陶芸体験をする。
24 タタミの上の水練。
25 カギの穴から天をのぞく。

2級 総まとめ ② 答案用紙

※実際の検定での用紙の大きさとは異なります。

(一) 読み (30) 1×30

15	14	13	12	11	10	9	8	7	6	5	4	3	2	1

(二) 部首 (10) 1×10

10	9	8	7	6	5	4	3	2	1

(四) 四字熟語 (30) 2×10

問1 書き取り

9	8	7	6	5	4	3	2	1

(五) 対義語・類義語 (20) 2×10

10	9	8	7	6	5	4	3	2	1

(七) 誤字訂正 (10) 2×5

	5	4	3	2	1
誤					
正					

(八) 漢字と送りがな (10) 2×5

3	2	1

15	14	13	12	11	10	9	8	7	6

総得点
/200

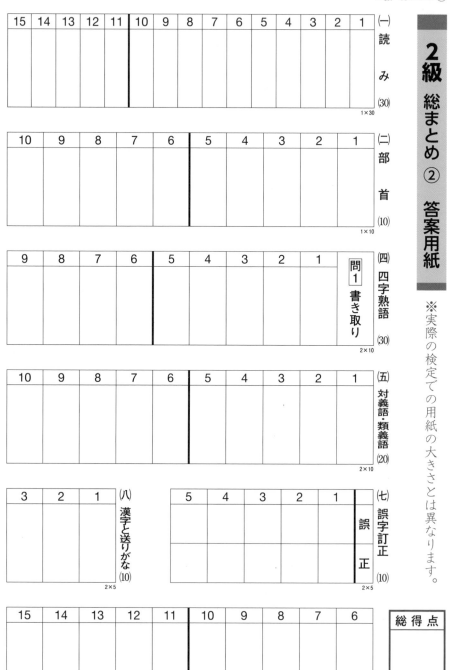

30	29	28	27	26	25	24	23	22	21	20	19	18	17	16

㈢ 熟語の構成 ⒇

10	9	8	7	6	5	4	3	2	1
[ア][イ][ウ][エ][オ]	[ア][イ][ウ][エ][オ]	[ア][イ][ウ][エ][オ]	[ア][イ][ウ][エ][オ]	[ア][イ][ウ][エ][オ]	[ア][イ][ウ][エ][オ]	[ア][イ][ウ][エ][オ]	[ア][イ][ウ][エ][オ]	[ア][イ][ウ][エ][オ]	[ア][イ][ウ][エ][オ]

2×10

15	14	13	12	11	問2 意味	10
[ア][イ][ウ][エ][オ] [カ][キ][ク][ケ][コ]	[ア][イ][ウ][エ][オ] [カ][キ][ク][ケ][コ]	[ア][イ][ウ][エ][オ] [カ][キ][ク][ケ][コ]	[ア][イ][ウ][エ][オ] [カ][キ][ク][ケ][コ]	[ア][イ][ウ][エ][オ] [カ][キ][ク][ケ][コ]		

2×5

㈥ 同音・同訓異字 ⒇

10	9	8	7	6	5	4	3	2	1

2×10

5	4

㈨ 書き取り ㊿

5	4	3	2	1

2×25

25	24	23	22	21	20	19	18	17	16

学年別漢字配当表

「小学校学習指導要領」（令和2年4月実施）による。

	ア	イ	ウ	エ	オ	カ	キ	ク	ケ	コ	サ
第一学年 10級		一	右雨	円	王音	下火花貝学	気九休玉金	空	月犬見	五口校	左三山
第二学年 9級		引	羽雲	園遠		何科夏家歌画回会海絵外角楽活間丸岩顔	汽記帰弓牛魚京強教近		兄形計元言原	戸古午後語工公広交光考行高黄合谷国黒今	才細作算
第三学年 8級	悪安暗	医委意育員院飲	運	泳駅	央横屋温	化荷界開階寒感漢館岸	起期客究急級宮球去橋業曲局銀	区苦具君	係軽血決研県	庫湖向幸港号根	祭皿
第四学年 7級	愛案	以衣位茨印		英栄媛塩	岡億	加果貨課芽賀改械害街各覚潟完官管関観願	岐希季旗器機議求泣給挙漁共協鏡競極	熊訓軍郡群	径景芸欠結建健験	固功好香候康	佐差菜最埼材崎昨札刷察参産散残
第五学年 6級	圧	囲移因		永営衛易益液演	応往桜	可仮価河過快解格確額刊幹慣眼	紀基寄規喜技義逆久旧救居許境均禁	句	型経潔件険検限現減	故個護効厚耕航鉱構興講告混	査再災妻採際在財罪殺雑酸賛
第六学年 5級		胃異遺域	宇	映延沿	恩	我灰拡革閣割株干巻看簡	危机揮貴疑吸供胸郷勤筋		系敬警劇激穴券絹権憲源厳	己呼誤后孝皇紅降鋼刻穀骨困	砂座済裁策冊蚕

シ	ス	セ	ソ	タ	チ	ツ	テ	ト	ナ	ニ	ネ	ノ
子四糸字耳七車手十出女小上森人	水	正生青夕石赤千川先	早草足村	大男	竹中虫町		天田	土		二日入	年	
止市矢姉思紙寺自時室社弱首秋週春書少場色食心新親	図数	西声星晴切雪船線前	組走	多太体台	地池知茶昼長鳥朝直	通	弟店点電	刀冬当東答頭同道読	内南	肉		
仕死使始指歯詩次事持式実写者主守取酒受州拾終習集住重宿所暑助昭消商章勝乗植申身神真深進		世整昔全	相送想息速族	他打対待代第題炭短談	着注柱丁帳調	追	定庭笛鉄転	都度投豆島湯登等動童				農
氏司試児治滋辞鹿失借種周祝順初松笑唱焼照城縄臣信		井成省清静席積折節説浅戦選然	争倉巣束側続卒孫	帯隊達単	置仲沖兆		低底的典伝	徒努灯働特徳栃	奈梨		熱念	
士支史志枝師資飼示似識質舎謝授修述術準序招証象賞条状常情織職		制性政勢精製税責績接設絶	祖素総造像増則測属率損	貸態団断	築貯張		停提程適	統堂銅導得毒独		任	燃	能
至私姿視詞誌磁射捨尺若樹収宗就衆従縦縮熟純処署諸除承将傷障蒸針仁	垂推寸	盛聖誠舌宣専泉洗染銭善	奏窓創装層操蔵臓存尊	退宅担探誕段暖	値宙忠著庁頂腸潮賃	痛	敵展	討党糖届	難	乳認		納脳

学年	字数	ハ	ヒ	フ	ヘ	ホ	マ	ミ	ム	メ	モ	ヤ	ユ	ヨ	ラ	リ	ル	レ	ロ	ワ
第一学年 10級	学年字数 80字 累計字数 80字	白八	百	文		木本				名	目					立力林			六	
第二学年 9級	学年字数 160字 累計字数 240字	馬売買麦半番		父風分聞	米	歩母方北	毎妹万			明鳴	毛門	夜野	友	用曜	来	里理				話
第三学年 8級	学年字数 200字 累計字数 440字	波配倍箱畑発反坂板	皮悲美鼻筆氷表秒病品	負部服福物	平返勉	放		味		命面	問	役薬	由油有遊	予羊洋葉陽様	落	流旅両緑		礼列練	路	和
第四学年 7級	学年字数 202字 累計字数 642字	敗梅博阪飯	飛必票標	不夫付府阜富副	兵別辺変便	包法望牧	末満	未民	無			約	勇	要養浴		利陸良料量輪	類	令冷例連	老労録	
第五学年 6級	学年字数 193字 累計字数 835字	破犯判版	比肥非費備評貧	布婦武復複仏粉	編弁	保墓報豊防貿暴		脈	務夢	迷綿			輸	余容		略留領		歴		
第六学年 5級	学年字数 191字 累計字数 1026字	派拝背肺俳班晩	否批秘俵	腹奮	並陛閉片	補暮宝訪亡忘棒	枚幕	密		盟	模	訳	郵優	預幼欲翌	乱卵覧	裏律臨			朗論	

級別漢字表

小学校学年別配当漢字を除く一一一〇字。

	ア	イ	ウ	エ	オ	カ	キ	ク	ケ	コ	サ	シ
4級	握扱	依威為偉違維緯壱芋陰隠		影鋭越援煙鉛縁	汚押奥憶	菓暇箇雅介戒皆壊較獲刈甘汗乾勧歓監環鑑含	奇祈鬼幾輝儀戯詰却脚及丘朽巨拠距御凶叫狂況狭恐響驚仰	駆屈掘繰	恵傾継迎撃肩兼剣軒圏堅遣玄	枯誇鼓互抗攻更恒荒項稿豪込婚	鎖彩歳載剤咲惨	旨伺刺脂紫雌執芝斜煮釈寂朱狩 シ続く
3級	哀	慰		詠悦閲炎宴	欧殴乙卸穏	佳架華嫁餓怪悔塊慨該概郭隔穫岳掛滑肝冠勘貫喚換敢緩	企忌軌既棋棄騎欺犠菊吉喫虐虚峡脅凝斤緊	愚偶遇	刑契啓掲携憩鶏鯨倹賢幻	孤弧雇顧娯悟孔巧甲坑拘郊控慌硬絞綱酵克獄恨紺魂墾	債催削搾錯撮擦暫	祉施諮侍慈軸疾湿赦邪殊寿潤遵 シ続く
準2級	亜	尉逸姻韻	畝浦	疫謁猿	凹翁虞	渦禍靴寡稼蚊拐懐劾涯垣核殻嚇括喝渇褐轄且缶陥患堪棺款閑寛憾還艦頑	飢宜偽擬糾窮拒享挟恭矯暁菌琴謹襟吟	隅勲薫	茎渓蛍慶傑嫌献謙繭顕懸弦	呉碁江肯侯洪貢溝衡購拷剛酷昆懇	唆詐砕宰栽斎索酢桟傘	肢嗣賜璽漆遮蛇酌爵珠儒囚臭愁 シ続く
2級	挨曖宛嵐	畏萎椅彙咽淫	唄鬱	怨艶	旺臆俺	苛牙瓦楷潰諧崖蓋骸柿顎葛釜鎌韓玩	伎亀毀畿臼嗅巾僅錦	惧串窟	詣憬稽隙桁拳鍵舷	股虎錮勾梗喉乞傲駒頃痕	沙挫采塞柵刹拶斬	恣摯餌叱嫉腫呪袖羞蹴憧拭尻芯 シ続く

	シ続き	ス	セ	ソ	タ	チ	ツ	テ	ト	ナ	ニ	ネ	ノ	ハ
4級	趣需舟秀襲柔獣瞬旬巡盾召床沼称紹詳丈畳殖飾触侵振浸寝慎震薪尽陣尋	吹	是姓征跡占扇鮮	訴僧燥騒贈即俗	耐替沢拓濁脱丹淡嘆端弾	恥致遅蓄跳徴澄沈珍		抵堤摘滴添殿	吐途渡奴怒到逃倒唐桃透盗塔稲踏闘胴峠突鈍曇		弐		悩濃	杯輩拍泊迫薄爆髪抜罰般販搬範繁盤
3級	如徐匠昇掌晶焦衝鐘冗嬢錠譲嘱辱伸辛審	炊粋衰酔遂穂随髄	瀬牲婿請斥隻惜籍摂潜繕	阻措粗礎双桑掃葬遭憎促賊	怠胎袋逮滞滝択卓託諾奪胆鍛壇	稚畜窒抽鋳駐彫超聴陳鎮	墜	帝訂締哲	斗塗凍陶痘匿篤豚		尿	粘		婆排陪縛伐帆伴畔藩蛮
準2級	酬醜汁充渋銃叔淑粛塾俊准殉循庶緒叙升抄肖尚宵症祥渉訟硝粧詔奨彰償礁浄剰壌醸津唇娠紳診刃迅甚	帥睡枢崇据杉	斉逝誓析拙窃仙栓旋践遷薦繊禅漸	租疎塑壮荘捜挿曹喪槽霜藻	妥堕惰駄泰濯但棚	痴逐秩嫡衷弔挑眺釣懲勅朕	塚漬坪	呈廷邸亭貞逓偵艇泥迭徹撤	悼搭棟筒謄騰洞督凸屯	軟	尼妊忍	寧		把覇廃培媒賠伯舶漠肌鉢閥煩頒
2級	腎	須裾	凄醒脊戚煎羨腺詮箋膳	狙遡曽爽痩踪捉遜	汰唾堆戴誰旦綻	緻酎貼嘲捗	椎爪鶴	諦溺塡	妬賭藤瞳頓貪丼	那謎鍋	匂虹	捻		罵剝箸氾汎斑

	ワ	ロ	レ	ル		リ	ラ	ヨ	ユ	ヤ	モ	メ	ム	ミ	マ			ホ	ヘ		フ		ヒ
計313字 5級まで 1026字 累計 1339字	惑腕	露郎	隷齢麗暦劣烈恋	涙		離粒慮療隣	雷頼絡欄	与誉溶腰踊謡翼	雄	躍	茂猛網黙紋		矛霧娘	妙眠	慢漫		冒傍帽凡盆	捕舗抱峰砲忙坊肪	柄壁	幅払噴	怖浮普腐敷膚賦舞	浜敏	彼疲被避尾微匹描
計284字 4級まで 1339字 累計 1623字	湾	炉浪廊楼漏	励零霊裂廉錬			吏隆了猟陵糧厘	裸濫	揚揺擁抑	幽誘憂			滅免		魅	魔埋膜又	謀墨没翻	崩飽縫乏妨房某膨	募慕簿芳邦奉胞倣	癖		赴符封伏覆紛墳		卑碑泌姫漂苗
計328字 3級まで 1623字 累計 1951字	賄枠		戻鈴	累塁	寮倫	痢履柳竜硫虜涼僚	羅酪	庸窯	愉諭癒唯悠猶裕融	厄	妄盲耗	銘		岬	麻摩磨抹		堀奔	泡俸褒剖紡朴僕撲	丙併塀幣弊偏遍		扶附譜侮沸雰憤		妃披扉罷猫賓頻瓶
計185字 準2級まで 1951字 累計 2136字	脇	呂賂弄籠麓		瑠		璃慄侶瞭	拉辣藍	妖瘍沃	喩湧	冶弥闇		冥麺		蜜	昧枕			哺蜂貌頰睦勃	蔽餅璧蔑		訃		眉膝肘

部首一覧表

表の上には部首を画数順に配列し、下には漢字の中で占める位置によって形が変化するものや特別な名称を持つものを示す。

偏《へん》…

旁《つくり》…

冠《かんむり》…

脚《あし》…

垂《たれ》…

繞《にょう》…

構《かまえ》…

番号	部首	形	位置	名称
一画				
1	【一】	一		いち
2	【丨】	丨		ぼう たてぼう
3	【丶】	丶		てん
4	【丿】	丿		の はらいぼう
5	【乙】	乙		おつ
		乚		おつ
6	【亅】	亅		はねぼう
二画				
7	【二】	二		に
8	【亠】	亠		なべぶた けいさんかんむり
9	【人】	人		ひと
		亻		にんべん
9	【人】	𠆢		ひとやね
10	【入】	入		いる
11	【儿】	儿		ひとあし にんにょう
12	【八】	八		はち
		ハ		は
13	【冂】	冂		どうがまえ けいがまえ まきがまえ
14	【冖】	冖		わかんむり
15	【冫】	冫		にすい
16	【几】	几		つくえ
17	【凵】	凵		うけばこ
18	【刀】	刀		かたな
		刂		りっとう
19	【力】	力		ちから
20	【勹】	勹		つつみがまえ
21	【匕】	匕		ひ
22	【匚】	匚		はこがまえ
23	【匸】	匸		かくしがまえ
24	【十】	十		じゅう
25	【卜】	卜		と うらない
26	【卩】	卩		わりふ ふしづくり
		㔾		わりふ ふしづくり
27	【厂】	厂		がんだれ
28	【厶】	厶		む
29	【又】	又		また
三画				
30	【口】	口		くち
		口		くちへん
31	【囗】	囗		くにがまえ
32	【土】	土		つち
		土		つちへん
33	【士】	士		さむらい
34	【夂】	夂		すいにょう ふゆがしら
35	【夕】	夕		た ゆうべ
36	【大】	大		だい
37	【女】	女		おんな
		女		おんなへん
38	【子】	子		こ
		子		こへん
39	【宀】	宀		うかんむり
40	【寸】	寸		すん
41	【小】	小		しょう
		⺌		しょう

番号	部首	字形	名称
42	【尢】	尢	だいのまげあし
43	【尸】	尸	かばね しかばね
44	【屮】	屮	てつ
45	【山】	山	やま
		山	やまへん
46	【川】	川	かわ
		巛	かわ
47	【工】	工	え たくみ
		工	たくみへん
48	【己】	己	おのれ
49	【巾】	巾	はば
		巾	はばへん きんべん
50	【干】	干	かん いちじゅう
51	【幺】	幺	よう いとがしら
52	【广】	广	まだれ
53	【廴】	廴	えんにょう
54	【廾】	廾	こまぬき にじゅうあし
55	【弋】	弋	しきがまえ
56	【弓】	弓	ゆみ
		弓	ゆみへん
57	【彐】	彑	けいがしら
58	【彡】	彡	さんづくり
59	【彳】	彳	ぎょうにんべん
60	【⺍】	⺍	つかんむり

忄↓心　氵↓水　艹↓艸　阝(右)↓邑

扌↓手　犭↓犬　辶↓辵　阝(左)↓阜

四画

番号	部首	字形	名称
61	【心】	心	こころ
		忄	りっしんべん
		⺗	したごころ
62	【戈】	戈	ほこづくり ほこがまえ
63	【戸】	戸	と
		戸	とだれ とかんむり
64	【手】	手	て
		扌	てへん
65	【支】	支	し
66	【攴】	攵	のぶん ぼくづくり
67	【文】	文	ぶん
68	【斗】	斗	とます
69	【斤】	斤	きん
		斤	おのづくり
70	【方】	方	ほう
		方	ほうへん かたへん
71	【日】	日	ひ
		日	ひへん
72	【曰】	曰	ひらび いわく
73	【月】	月	つき
		月	つきへん
74	【木】	木	き
		木	きへん
75	【欠】	欠	あくび かける
76	【止】	止	とめる
77	【歹】	歹	かばねへん いちたへん がつへん
78	【殳】	殳	るまた ほこづくり
79	【毋】	毋	なかれ
80	【比】	比	ならびひ くらべる
81	【毛】	毛	け
82	【氏】	氏	うじ
83	【气】	气	きがまえ
84	【水】	水	みず

番号	部首	字形	名称
84	【水】	氵	さんずい
		氺	したみず
85	【火】	火	ひ
		火	ひへん
		灬	れんが れっか
86	【爪】	爪	つめ
		爫	つめかんむり つめがしら
87	【父】	父	ちち
88	【片】	片	かた
		片	かたへん
89	【牙】	牙	きば
90	【牛】	牛	うし
		牛	うしへん
91	【犬】	犬	いぬ
		犭	けものへん

王・⺩→玉　耂→老　礻→示　辶→辵

五画

番号	部首	字形	名称
92	【玄】	玄	げん
93	【玉】	玉	たま
		王	おう
		⺩	おうへん たまへん
94	【瓦】	瓦	かわら
95	【甘】	甘	かん あまい
96	【生】	生	うまれる
97	【用】	用	もちいる
98	【田】	田	た
		田	たへん
99	【疋】	疋	ひき
		⺊	ひきへん
100	【疒】	疒	やまいだれ
101	【癶】	癶	はつがしら
102	【白】	白	しろ
103	【皮】	皮	けがわ
104	【皿】	皿	さら
105	【目】	目	め
		目	めへん
106	【矛】	矛	ほこ
107	【矢】	矢	や
		矢	やへん
108	【无】	无	なし ぶ すでのつくり
109	【石】	石	いし
		石	いしへん
110	【示】	示	しめす
		礻	しめすへん
111	【禾】	禾	のぎ
		禾	のぎへん
112	【穴】	穴	あな
		穴	あなかんむり
113	【立】	立	たつ
		立	たつへん

氺→水　衤→衣　罒→网

六画

番号	部首	字形	名称
114	【竹】	竹	たけ
		⺮	たけかんむり
115	【米】	米	こめ
		米	こめへん
116	【糸】	糸	いと
		糸	いとへん
117	【缶】	缶	ほとぎ
118	【网】	罒	あみがしら あみめ よこめ

119	【羊】	羊	ひつじ
120	【羽】	羽	はね
121	【老】	耂	おいかんむり おいがしら
122	【而】	而	しかして しこうして
123	【耒】	耒	すきへん らいすき
124	【耳】	耳	みみ
		耳	みみへん
125	【聿】	聿	ふでづくり
126	【肉】	肉	にく
		月	にくづき
127	【自】	自	みずから
128	【至】	至	いたる
129	【臼】	臼	うす
130	【舌】	舌	した
131	【舟】	舟	ふね

七画

131	【舟】	舟	ふねへん
132	【艮】	艮	ねづくり こんづくり
133	【色】	色	いろ
134	【艸】	艹	くさかんむり
135	【虍】	虍	とらがしら とらかんむり
136	【虫】	虫	むし
		虫	むしへん
137	【血】	血	ち
138	【行】	行	ぎょう
		行	ぎょうがまえ ゆきがまえ
139	【衣】	衣	ころも
		衤	ころもへん
140	【襾】	西	にし
		覀	おおいかんむり

141	【見】	見	みる
142	【臣】	臣	しん
143	【角】	角	かく つの
		角	つのへん
144	【言】	言	げん
		言	ごんべん
145	【谷】	谷	たに
146	【豆】	豆	まめ
147	【豕】	豕	ぶた いのこ
148	【豸】	豸	むじなへん
149	【貝】	貝	かい こがい
		貝	かいへん
150	【赤】	赤	あか
151	【走】	走	はしる
		走	そうにょう

152	【足】	足	あし
		𧾷	あしへん
153	【身】	身	み
154	【車】	車	くるま
		車	くるまへん
155	【辛】	辛	からい
156	【辰】	辰	しんのたつ
157	【辵】	辶	しんにょう しんにゅう
		辶	しんにょう しんにゅう
158	【邑】	阝	おおざと
159	【酉】	酉	ひよみのとり
		酉	とりへん
160	【釆】	釆	のごめ
		釆	のごめへん
161	【里】	里	さと

※注「辶」については「遡・遜」のみに適用。

画数	番号	部首	形	名称
	161	【里】	里	さとへん
	162	【舛】	舛	まいあし
	163	【麦】	麦	むぎ
			麦	ばくにょう
八画	164	【金】	金	かね
			金	かねへん
	165	【長】	長	ながい
	166	【門】	門	もん
			門	もんがまえ
	167	【阜】	阜	おか
			阝	こざとへん
	168	【隶】	隶	れいづくり
	169	【隹】	隹	ふるとり
	170	【雨】	雨	あめ
			⻗	あめかんむり
	171	【青】	青	あお
	172	【非】	非	あらず ひ
	173	【斉】	斉	せい
九画	174	【面】	面	めん
	175	【革】	革	かくのかわ つくりがわ
			革	かわへん
	176	【音】	音	おと
	177	【頁】	頁	おおがい
	178	【風】	風	かぜ
	179	【飛】	飛	とぶ
	180	【食】	食	しょく
			𩙿	しょくへん
			飠	しょくへん
	181	【首】	首	くび
	182	【香】	香	か かおり
十画	183	【馬】	馬	うま
			馬	うまへん
	184	【骨】	骨	ほね
			骨	ほねへん
	185	【高】	高	たかい
	186	【髟】	髟	かみがしら
	187	【鬯】	鬯	ちょう
	188	【鬼】	鬼	おに
			鬼	きにょう
	189	【韋】	韋	なめしがわ
	190	【竜】	竜	りゅう
十一画	191	【魚】	魚	うお
			魚	うおへん
	192	【鳥】	鳥	とり
	193	【鹿】	鹿	しか
	194	【麻】	麻	あさ
	195	【黄】	黄	き
	196	【黒】	黒	くろ
	197	【亀】	亀	かめ
十二画	198	【歯】	歯	は
			歯	はへん
十三画	199	【鼓】	鼓	つづみ
十四画	200	【鼻】	鼻	はな

※注「飠」については「餌・餅」のみに適用。

中学校で学習する音訓一覧表

＊学習漢字のうち、中学校で習う読み方を学年・字音の五十音順に一覧表にした。

小学校1年	音	イン
	下	もと
	字	あざ
	耳	ジ
	手	た
	出	スイ
	女	ニョ　め
	上	のぼ(せる)　のぼ(す)
	生	お(う)　き
	夕	セキ
	石	コク
	川	セン
	早	サッ
	文	ふみ
	目	ボク
小学校2年	羽	ウ
	園	その
	何	カ
	夏	ゲ
	外	ゲ
	弓	キュウ
	京	ケイ
	強	ゴウ　し(いる)
	兄	ケイ
	後	おく(れる)
	公	おおやけ
	交	か(う)　か(わす)
	黄	コウ　こ
	谷	コク
	今	キン
	姉	シ
	室	むろ
	図	はか(る)
	声	こわ
	星	ショウ
	切	サイ
	体	テイ
	茶	サ
	弟	テイ　デ
	頭	かしら
	内	ダイ
	麦	バク
	歩	ブ
	妹	マイ
	万	バン
	門	かど
	来	きた(る)　きた(す)
小学校3年	化	ケ
	荷	カ
	客	カク
	究	きわ(める)
	宮	グウ
	業	わざ
	軽	かろ(やか)
	研	と(ぐ)
	幸	さち
	次	シ
	守	も(り)
	州	す
	拾	シュウ　ジュウ
	集	つど(う)
	助	すけ
	商	あきな(う)
	勝	まさ(る)
	申	シン
	神	かん
	昔	シャク
	相	ショウ
	速	すみ(やか)
	対	ツイ
	代	しろ
	丁	テイ
	調	ととの(う)　ととの(える)
	度	タク　たび
	童	わらべ
	発	ホツ
	反	タン
	鼻	ビ
	病	や(む)
	命	ミョウ
	面	おも　おもて
	役	エキ
	有	ウ
	和	やわ(らぐ)　やわ(らげる)　なご(む)　なご(やか)
小学校4年	衣	ころも
	媛	エン
	街	カイ
	岐	キ
	器	うつわ
	機	はた
	泣	キュウ
	競	きそ(う)
	極	ゴク　きわ(める)　きわ(まる)　きわ(み)
	結	ゆ(う)　ゆ(わえる)
	健	すこ(やか)
	香	コウ
	氏	うじ
	試	ため(す)
	児	ニ
	滋	ジ
	辞	や(める)
	初	そ(める)
	笑	ショウ　え(む)
	焼	ショウ
	縄	ジョウ
	井	ショウ
	省	かえり(みる)
	静	ジョウ
	浅	セン
	戦	いくさ
	仲	チュウ
	阪	ハン
	夫	フウ
	望	モウ

牧	まき
民	たみ
要	い(る)

小学校5年

仮	ケ
眼	まなこ
基	もと
技	わざ
境	ケイ
経	キョウ
故	ゆえ
厚	コウ
災	わざわ(い)
財	サイ
示	シ
似	ジ
質	シチ
謝	あやま(る)
授	さず(ける) さず(かる)
修	シュ
性	ショウ
精	ショウ
素	ス
率	ソツ
損	そこ(なう) そこ(ねる)
貸	タイ
断	た(つ)
提	さ(げる)
程	ほど
得	う(る)
犯	おか(す)
費	つい(やす) つい(える)
貧	ヒン
報	むく(いる)
暴	バク
迷	メイ

小学校6年

遺	ユイ
映	は(える)
我	ガ わ
灰	カイ
革	かわ
割	カツ さ(く)
干	ひ(る)
危	あや(うい) あや(ぶむ)
机	キ
貴	たっと(い) とうと(い) たっと(ぶ) とうと(ぶ)
胸	むな
郷	ゴウ
穴	ケツ
厳	おごそ(か)
己	キ おのれ
紅	ク くれない
鋼	はがね
砂	シャ
座	すわ(る)
裁	た(つ)
若	ジャク
宗	ソウ
就	つ(く) つ(ける)
熟	う(れる)
除	ジ
承	うけたまわ(る)
傷	いた(む) いた(める)
蒸	む(す) む(れる) む(らす)
仁	ニ
推	お(す)
盛	セイ さか(る) さか(ん)
誠	まこと
舌	ゼツ
専	もっぱ(ら)
染	セン
銭	ぜに
装	ショウ
操	あやつ(る)
蔵	くら
探	さぐ(る)
値	あたい
著	あらわ(す) いちじる(しい)
敵	かたき
討	う(つ)
乳	ち
認	ニン
納	ナッ トウ
背	そむ(く) そむ(ける)
秘	ひ(める)
並	ヘイ
閉	と(ざす)
片	ヘン
暮	ボ
訪	おとず(れる)
忘	ボウ
優	やさ(しい) すぐ(れる)
欲	ほ(しい)
卵	ラン
裏	リ
臨	のぞ(む)
朗	ほが(らか)

高等学校で学習する音訓一覧表 ❶

＊学習漢字のうち、高等学校で習う読み方を学年・字音の五十音順に一覧表にした。

小学校1年	火	ほ
	女	ニョウ
	上	ショウ
	青	ショウ
	赤	シャク
	天	あめ
	白	ビャク
	目	ま
	立	リュウ
小学校2年	遠	オン
	回	エ
	会	エ
	行	アン
	矢	シ
	食	ジキ く(らう)
	数	ス
	声	ショウ
	通	ツ
	頭	ト
	道	トウ
	南	ナ
	風	フ
	聞	モン
	歩	フ
小学校3年	悪	オ
	期	ゴ
	宮	ク
	業	ゴウ
	庫	ク
	仕	ジ
	事	ズ
	主	ス
	神	こう
	昔	セキ
	想	ソ
	着	ジャク
	定	さだ(か)
	度	ト
	反	ホン
	坂	ハン
	氷	ひ
	病	ヘイ
	面	つら
	由	ユイ よし
	遊	ユ
	流	ル
	緑	ロク
	礼	ライ
	和	オ
小学校4年	栄	は(え) は(える)
	各	おのおの
	競	せ(る)
	建	コン
	験	ゲン
	功	ク
	香	キョウ
	候	そうろう
	産	うぶ
	祝	シュウ
	初	うい
	井	セイ
	成	ジョウ
	清	ショウ
	節	セチ
	説	ゼイ
	巣	ソウ
	沖	チュウ
	兆	きざ(す) きざ(し)
	灯	ひ
	博	バク
	富	フウ
	法	ハッ ホッ
	末	バツ
	利	き(く)
	老	ふ(ける)
小学校5年	因	よ(る)
	益	ヤク
	桜	オウ
	価	あたい
	過	あやま(つ) あやま(ち)
	解	ゲ
	格	コウ
	眼	ゲン
	基	もとい
	久	ク
	潔	いさぎよ(い)
	興	おこ(る) おこ(す)
	際	きわ
	殺	サイ セツ
	酸	す(い)
	枝	シ
	質	チ
	常	とこ
	情	セイ
	織	ショク
	政	ショウ まつりごと
	接	つ(ぐ)
	団	トン
	統	す(べる)
	暴	あば(く)
小学校6年	供	ク
	勤	ゴン
	絹	ケン
	権	ゴン
	厳	ゴン
	冊	サク
	若	ニャク も(しくは)
	就	ジュ
	衆	シュ
	従	ショウ ジュ
	障	さわ(る)
	盛	ジョウ
	染	し(みる) し(み)
	奏	かな(でる)
	装	よそお(う)
	操	みさお
	担	かつ(ぐ) にな(う)
	難	かた(い)
	納	ナ ナン
	否	いな
	亡	モウ な(い)
	欲	ほっ(する)
	律	リチ

高等学校で学習する音訓一覧表 ❷

＊「4級」「3級」配当漢字のうち、高等学校で習う読み方を字音の五十音順に一覧表にした。

4級	依	エ
	汚	けが(す) けが(れる) けが(らわしい)
	押	オウ
	奥	オウ
	鑑	かんが(みる)
	戯	たわむ(れる)
	詰	キツ
	脚	キャ
	狭	キョウ
	仰	おお(せ)
	肩	ケン
	鼓	つづみ
	更	ふ(ける) ふ(かす)
	彩	いろど(る)
	惨	ザン みじ(め)
	旨	むね
	伺	シ
	煮	シャ
	寂	セキ
	秀	ひい(でる)
	瞬	またた(く)
	沼	ショウ
	端	は
	澄	チョウ
	滴	したた(る)
	敷	フ
	払	フツ
	柄	ヘイ
	傍	かたわ(ら)
	凡	ハン
	腰	ヨウ
	謡	うたい うた(う)
	絡	から(む) から(まる) から(める)
	麗	うるわ(しい)
3級	詠	よ(む)
	殴	オウ
	華	ケ
	嫁	カ
	忌	い(む) い(まわしい)
	虐	しいた(げる)
	虚	コ
	脅	おびや(かす)
	契	ちぎ(る)
	憩	いこ(う)
	控	コウ
	慌	コウ
	絞	コウ
	搾	サク
	施	セ
	慈	いつく(しむ)
	如	ニョ
	焦	あせ(る)
	辱	はずかし(める)
	穂	スイ
	婿	セイ
	請	シン こ(う)
	阻	はば(む)
	礎	いしずえ
	桑	ソウ
	葬	ほうむ(る)
	袋	タイ
	壇	タン
	鎮	しず(める) しず(まる)
	卑	いや(しい) いや(しむ) いや(しめる)
	泌	ヒ
	苗	ビョウ
	覆	くつがえ(す) くつがえ(る)
	芳	かんば(しい)
	奉	たてまつ(る)
	倣	なら(う)
	謀	ム はか(る)
	翻	ひるがえ(る) ひるがえ(す)
	免	まぬか(れる)
	憂	う(い)
	陵	みささぎ
	糧	ロウ かて
	霊	リョウ たま

高等学校で学習する音訓一覧表 ③

級	漢字	読み
準2級	疫	ヤク
	渦	カ
	靴	カ
	稼	カ
	懐	ふところ なつ(かしい) なつ(かしむ) なつ(く) なつ(ける)
	渇	カツ
	陥	おとしい(れる)
	患	わずら(う)
	堪	カン
	偽	にせ
	窮	きわ(める) きわ(まる)
	挟	キョウ
	恭	うやうや(しい)
	矯	た(める)
	暁	ギョウ
	襟	キン
	薫	クン
	繭	ケン
	懸	ケ
	弦	つる
	貢	ク みつ(ぐ)
	懇	ねんご(ろ)
	唆	そそのか(す)
	傘	サン
	賜	シ
	酌	く(む)
	愁	うれ(える) うれ(い)
	充	あ(てる)
	宵	ショウ
	詔	みことのり
	醸	かも(す)
	津	シン
	唇	シン
	刃	ジン
	甚	ジン
	逝	ゆ(く) い(く)
	疎	うと(い) うと(む)
	霜	ソウ
	釣	チョウ
	泥	デイ
	悼	いた(む)
	棟	むな
	尼	ニ
	培	つちか(う)
	鉢	ハツ
	煩	ボン
	扉	ヒ
	猫	ビョウ
	侮	あなど(る)
	憤	いきどお(る)
	褒	ホウ
	紡	つむ(ぐ)
	妄	ボウ
	耗	コウ
	唯	イ
	窯	ヨウ
	戻	レイ
2級	淫	みだ(ら)
	怨	エン
	艶	エン
	牙	ガ
	瓦	ガ
	葛	くず
	詣	ケイ
	隙	ゲキ
	刹	サツ
	餌	ジ
	袖	シュウ
	拭	ショク
	羨	セン
	遡	ソ
	痩	ソウ
	賭	ト
	眉	ビ
	冥	ミョウ
	藍	ラン
	籠	ロウ

＊「準2級」「2級」配当漢字のうち、高等学校で習う読み方を字音の五十音順に一覧表にした。

常用漢字表　付表（熟字訓・当て字など）

＊小・中・高：小学校・中学校・高等学校のどの時点で学習するかの割り振りを示した。

※以下に挙げられている語を構成要素の一部とする熟語に用いてもかまわない。

例「河岸（かし）」→「魚河岸（うおがし）」／「居士（こじ）」→「一言居士（いちげんこじ）」

付表1

語	読み	小	中	高
明日	あす	●		
小豆	あずき		●	
海女・海士	あま			●
硫黄	いおう		●	
意気地	いくじ		●	
田舎	いなか		●	
息吹	いぶき			●
海原	うなばら		●	
乳母	うば		●	
浮気	うわき			●
浮つく	うわつく		●	
笑顔	えがお		●	
叔父・伯父	おじ		●	
大人	おとな	●		
乙女	おとめ		●	
叔母・伯母	おば		●	
お巡りさん	おまわりさん		●	
お神酒	おみき			●
母屋・母家	おもや			●
母さん	かあさん	●		
神楽	かぐら			●
河岸	かし			●
鍛冶	かじ		●	
風邪	かぜ		●	
固唾	かたず		●	
仮名	かな		●	
蚊帳	かや			●
為替	かわせ		●	
河原・川原	かわら	●		
昨日	きのう	●		
今日	きょう	●		
果物	くだもの	●		
玄人	くろうと			●
今朝	けさ	●		
景色	けしき	●		
心地	ここち		●	

語	読み	小	中	高
居士	こじ			●
今年	ことし	●		
早乙女	さおとめ		●	
雑魚	ざこ			●
桟敷	さじき			●
差し支える	さしつかえる		●	
五月	さつき		●	
早苗	さなえ		●	
五月雨	さみだれ		●	
時雨	しぐれ		●	
尻尾	しっぽ		●	
竹刀	しない		●	
老舗	しにせ		●	
芝生	しばふ		●	
清水	しみず	●		
三味線	しゃみせん		●	
砂利	じゃり		●	
数珠	じゅず			●
上手	じょうず	●		
白髪	しらが		●	
素人	しろうと			●
師走	しわす（しはす）			●
数寄屋・数奇屋	すきや			●
相撲	すもう		●	
草履	ぞうり		●	
山車	だし			●
太刀	たち		●	
立ち退く	たちのく		●	
七夕	たなばた	●		
足袋	たび		●	
稚児	ちご			●
一日	ついたち	●		
築山	つきやま			●
梅雨	つゆ		●	
凸凹	でこぼこ		●	
手伝う	てつだう	●		
伝馬船	てんません			●
投網	とあみ			●
父さん	とうさん	●		
十重二十重	とえはたえ			●
読経	どきょう			●
時計	とけい	●		
友達	ともだち	●		
仲人	なこうど			●
名残	なごり		●	
雪崩	なだれ		●	
兄さん	にいさん	●		
姉さん	ねえさん	●		
野良	のら			●
祝詞	のりと			●
博士	はかせ	●		

語	読み	小	中	高
二十・二十歳	はたち		●	
二十日	はつか	●		
波止場	はとば		●	
一人	ひとり	●		
日和	ひより		●	
二人	ふたり	●		
二日	ふつか	●		
吹雪	ふぶき		●	
下手	へた	●		
部屋	へや	●		
迷子	まいご	●		
真面目	まじめ	●		
真っ赤	まっか	●		
真っ青	まっさお	●		
土産	みやげ		●	
息子	むすこ		●	
眼鏡	めがね	●		
猛者	もさ			●
紅葉	もみじ		●	
木綿	もめん		●	
最寄り	もより		●	
八百長	やおちょう			●
八百屋	やおや	●		
大和	やまと		●	
弥生	やよい		●	
浴衣	ゆかた			●
行方	ゆくえ		●	
寄席	よせ			●
若人	わこうど		●	

付表2

語	読み	小	中	高
愛媛	えひめ	●		
茨城	いばらき	●		
岐阜	ぎふ	●		
鹿児島	かごしま	●		
滋賀	しが	●		
宮城	みやぎ	●		
神奈川	かながわ	●		
鳥取	とっとり	●		
大阪	おおさか	●		
富山	とやま	●		
大分	おおいた	●		
奈良	なら	●		

二とおりの読み／注意すべき読み

↓のようにも読める。

「常用漢字表」（平成22年）本表備考欄による。

二とおりの読み

遺言	ユイゴン↓イゴン
奥義	オウギ↓おくギ
堪能	カンノウ↓タンノウ
吉日	キチジツ↓キツジツ
兄弟	キョウダイ↓ケイテイ
甲板	カンパン↓コウハン
合点	ガッテン↓ガテン
昆布	コンブ↓コブ
紺屋	コンや↓コウや
詩歌	シカ↓シイカ
七日	なのか↓なぬか
老若	ロウニャク↓ロウジャク
寂然	セキゼン↓ジャクネン
法主	ホッス↓ホウシュ ホッシュ
十	ジッ↓ジュッ
情緒	ジョウチョ↓ジョウショ
憧憬	ショウケイ↓ドウケイ
人数	ニンズ↓ニンズウ
寄贈	キソウ↓キゾウ
側	がわ↓かわ
唾	つば↓つばき
愛着	アイジャク↓アイチャク
執着	シュウジャク↓シュウチャク
貼付	チョウフ↓テンプ
難しい	むずかしい↓むつかしい
分泌	ブンピツ↓ブンピ
富貴	フウキ↓フッキ
文字	モンジ↓モジ
大望	タイモウ↓タイボウ
頰	ほお↓ほほ
末子	バッシ↓マッシ
末弟	バッテイ↓マッテイ
免れる	まぬかれる↓まぬがれる
妄言	ボウゲン↓モウゲン
面目	メンボク↓メンモク
問屋	とんや↓といや
礼拝	ライハイ↓レイハイ

注意すべき読み

三位一体	サンミイッタイ
従三位	ジュサンミ
一羽	イチわ
三羽	サンば
六羽	ロッぱ
春雨	はるさめ
小雨	こさめ
霧雨	きりさめ
因縁	インネン
親王	シンノウ
勤王	キンノウ
反応	ハンノウ
順応	ジュンノウ
観音	カンノン
安穏	アンノン
天皇	テンノウ
身上	シンショウ シンジョウ（読み方により意味が違う）
一把	イチワ
三把	サンバ
十把	ジッ（ジュッ）パ

漢検　2級　漢字学習ステップ　改訂四版

2024年6月30日　第1版第6刷　発行
編　者　公益財団法人 日本漢字能力検定協会
発行者　山崎　信夫
印刷所　三省堂印刷株式会社

発行所　公益財団法人 日本漢字能力検定協会
〒605-0074　京都市東山区祇園町南側551番地
☎(075)757-8600
ホームページ https://www.kanken.or.jp/

Printed in Japan
ISBN978-4-89096-401-7 C0081

乱丁・落丁本はお取り替えいたします。

公益財団法人 日本漢字能力検定協会

漢検

改訂四版

漢検 漢字学習 ステップ

標準解答

別冊

2級

「標準解答」は、
別冊になっています。
とりはずして使って
ください。

※「標準解答」をとじているはり金でけがをしないよう、
気をつけてください。

漢検 公益財団法人 日本漢字能力検定協会

700401 (1-6)

ステップ 1

1 P.8

1 あ
2 あい
3 いけい
4 あい
5 いしゅく
6 いす
7 おそ
8 あらし
9 な
10 たか
11 はだか
12 こんいん
13 す
14 かんが
15 みき
16 つらがま
17 いっかつ
18 ざこ
19 しゅうぶん
20 みにく
21 てんぷく
22 くつがえ
23 ほんい
24 ひるがえ

2 P.9

1 日
2 宀
3 山
4 田
5 艹
6 木
7 寸
8 辶
9 犭
10 隶

3

1 渦潮
2 統轄
3 陥落
4 疾患
5 雨露
6 援護
7 弱冠
8 勘定
9 砂嵐
10 果敢

4 P.10

1 椅子
2 曖
3 畏怖
4 嵐
5 宛先
6 萎
7 挨
8 恨
9 拒絶
10 吟味
11 購買
12 殊勲
13 長蛇
14 繭玉
15 洪水
16 猿
17 謁見
18 越権
19 解雇
20 回顧
21 侵
22 冒
23 悼
24 痛

ステップ 2

1 P.12

1 えんこん
2 いんよく
3 こうた
4 ごい
5 ゆううつ
6 いん
7 おんねん
8 みだ
9 うる
10 じぎ
11 わく
12 もうじゅう
13 た
14 ろくしょう
15 うやうや
16 おうしゅう
17 うぶゆ
18 くろうと
19 ちょうぼう
20 なが
21 じひ
22 いつく
23 しんこう
24 おお

2 P.13

1 畏・いけい
2 維・せんい
3 依・いらい
4 移・いかん
5 威・いあつ
6 違・いはん
7 偉・いじんでん
8 緯・いど
9 慰・いろう
10 椅・ながいす

3

1 戈
2 艹
3 氵
4 口
5 邑
6 心
7 羽
8 礻
9 宀
10 囗

4 P.14

1 淫〔淫〕行
2 語彙
3 長唄
4 咽頭
5 鬱憤
6 私怨
7 紡
8 崇拝
9 誓
10 懲戒
11 泥沼
12 怪
13 思索
14 韻律
15 妊婦
16 遷都
17 火中
18 渦中
19 寡聞
20 過分
21 楽譜
22 学府
23 履
24 吐

ステップ3

P.16 1

1 どくが　2 えんぜん　3 おうせい　4 おくそく
5 かれつ　6 きば　7 おれ　8 つやけ
9 せんかい　10 やおちょう　11 す　12 だけつ
13 くちびる　14 ほて　15 つきやま　16 いっせい
17 うるわ　18 そうちょう　19 こうかく　20 がら
21 ふうそう　22 しもばしら　23 きょうい　24 おびや

P.17 2

1 b　2 a　3 a
4 a　5 b　6 a

3

1 ア　2 オ　3 イ　4 ウ
5 ア　6 エ　7 ウ　8 オ
9 イ　10 エ

P.18 4

1 俺　2 歯牙〔牙〕　3 臆面　4 艶　5 苛烈
6 旺盛　7 果汁　8 蛍光灯　9 涼　10 素養
11 懐郷　12 断腸　13 累積　14 侮　15 余裕
16 岬　17 生涯　18 嵐　19 核心　20 確信
21 押収　22 欧州　23 刈　24 駆

ステップ4

P.20 1

1 かいそう　2 がかい　3 かいしょ　4 はいかい
5 がいぜん　6 けんがい　7 ふた　8 つぶ
9 がけくず　10 かわらやね　11 がじょう　12 みが
13 しの　14 はなむこ　15 ゆちゃく　16 めいがら
17 ぞうげ　18 やっかい　19 かつぼう　20 かわ
21 かんぼつ　22 おちい　23 かんにん　24 た

P.21 2

1 虚偽　2 分割　3 点在　4 尊大　5 撤去
6 左遷　7 畏敬　8 幻滅　9 顕著　10 遺憾

3

1 崖・ア　2 蓋・エ　3 外・イ
4 涯・オ　5 害・ウ

P.22 4

1 諧調　2 潰　3 楷書　4 瓦　5 頭蓋骨
6 崖　7 殉死　8 賄　9 充血　10 溝
11 主宰　12 逝去　13 厳粛　14 甘酢　15 漆
16 疾患　17 根幹　18 偽　19 喚起　20 換気
21 融解　22 誘拐　23 触　24 障

ステップ5

1 P.24

1 けいがい
2 かっ
3 かんこく
4 かき
5 かま
6 がくかんせつ
7 かまくび
8 くず
9 あご
10 しんさん
11 わずら
12 たいい
13 あわ
14 は
15 すず
16 るいせき
17 くない
18 ぼうせき
19 きゅうよ
20 きわ
21 かんわ
22 ゆる
23 いんじゅん
24 よ

2 P.25

1 関→閑
2 該→骸
3 環→還
4 柄→殻
5 陥→款
6 看→鑑
7 崖→蓋
8 垣→柿
9 過→禍
10 符→怖

3

1 牙〔牙〕・がじょう
2 餓・きが
3 瓦・がかい
4 雅・ゆうが
5 概・きがい
6 骸・しがい
7 該・がいとう
8 崖・だんがい
9 涯・きょうがい
10 蓋・えんがい

4 P.26

1 鎌
2 韓国
3 渋柿
4 顎
5 釜
6 骸骨
7 葛〔葛〕
8 愚痴
9 首肯
10 柔軟
11 偵察
12 忍
13 撤回
14 進呈
15 尼
16 廃
17 星霜
18 釣
19 寛容
20 慣用
21 享有
22 共有
23 渇
24 乾

ステップ6

1 P.28

1 きゅうかく
2 きそん
3 だっきゅう
4 きれつ
5 きんき
6 かぶき
7 あいがん
8 いしうす
9 か
10 かめ
11 いかく
12 か
13 ごばん
14 こば
15 かんづめ
16 むだ
17 きんてい
18 おそれ
19 かいそう
20 も
21 しんぎ
22 にせ
23 きぎょう
24 くわだ

2 P.29

1 辛うじて
2 償う
3 悼み
4 嫁ぎ
5 陥れる
6 懐かしい
7 阻む
8 滴る
9 砕けろ
10 卑しめる

3

1 連衡
2 閑話
3 一汁
4 玩物
5 禍福
6 窮乏
7 眺望
8 篤実
9 呉越
10 潔斎

4 P.30

1 歌舞伎
2 嗅〔嗅〕
3 畿内
4 亀
5 脱臼
6 玩具
7 毀棄
8 蛍
9 凝
10 混紡
11 治癒
12 酪農
13 柳
14 癖
15 採譜
16 泡
17 鐘
18 倫理
19 拒否
20 巨費
21 糾弾
22 球団
23 咲
24 割

力だめし 第1回

1 P.31
1 あてさき　2 いんとう　3 ながうた　4 かいしょ　5 くず　6 しょくたく　7 さいえん　8 ふくいん　9 う　10 あま

2
1 頁・おおがい　2 亻・にんべん　3 亀・かめ　4 口・くちへん　5 鼓・つづみ　6 氵・さんずい　7 艹・くさかんむり　8 鼻・はな　9 隹・ふるとり　10 面・めん

3 P.32
1 悔しい　2 潰れる　3 稼ぐ　4 貫く　5 拒む　6 据える　7 慈しむ　8 飢える　9 担ぐ　10 忌まわしい

4
1 火蓋　2 臆説　3 擬似　4 毀誉　5 弾劾　6 還暦　7 愛玩　8 萎縮　9 雨靴　10 概括

5 P.33
1 岐→伎　2 遣→献　3 胴→洞　4 韓→肝　5 滑→渇

6
1 中庸　2 恭順　3 畏怖　4 寛容　5 寡黙　6 大患　7 由緒　8 通暁　9 威嚇　10 午睡

7 P.34
1 陶犬　2 酌量　3 汗牛　4 大喝　5 忙中　6 無臭　7 ア　8 オ　9 ウ　10 イ

8
1 砂嵐　2 象牙〔牙〕　3 俳諧　4 断崖　5 壮絶　6 柿　7 残骸　8 慕　9 崩　10 奏

ステップ 7

1 P.36
1 きんさ　2 そうくつ　3 きぐ　4 ずきん　5 きんしゅう　6 くしゃ　7 にしきえ　8 わず　9 つ　10 まゆ　11 じんそく　12 せっしゅ　13 は　14 すいま　15 へび　16 へいがい　17 みす　18 そそのか　19 つうぎょう　20 あかつき　21 くんぷう　22 かお　23 ざんぎゃく　24 しいた

2 P.37
1 陰鬱　2 享有　3 拒絶　4 苦吟　5 原義　6 岩窟　7 真偽　8 辺隅　9 隠匿　10 苛酷

3
1 臼・きゅうし　2 救・きゅうめい　3 嗅〔嗅〕・きゅうかく　4 窮・きゅうくつ　5 襟・かいきん　6 均・きんこう　7 緊・きんきゅう　8 菌・さっきん　9 巾・ふきん　10 謹・きんしん

4 P.38
1 僅〔僅〕少　2 串　3 洞窟　4 危惧〔惧〕　5 雑巾　6 畝　7 傘　8 一喝　9 蛍光　10 傑出　11 宵　12 呉服　13 偶発　14 安閑　15 錦　16 緒　17 矯　18 剛　19 脅威　20 胸囲　21 挙　22 揚　23 機嫌　24 紀元

ステップ8

P.40 **1**

1 さんけい
2 けんばん
3 けた
4 けいこ
5 てっけん
6 かんげき
7 けい
8 かぎ
9 こぶし
10 すきま
11 こお
12 れいてつ
13 かも
14 きょうがい
15 たなあ
16 かとく
17 つか
18 さが
19 けんぎ
20 いや
21 きんせん
22 こと
23 ひれつ
24 いや

P.41 **2**

1 誓う
2 詣でる
3 偽り
4 翻す
5 疎んじる
6 培う
7 戯れる
8 汚す
9 統べる
10 凝らす

3

1 新鋭
2 一斉
3 追随
4 陥没
5 貧窮
6 造詣
7 墨守
8 憂慮
9 脈絡
10 均衡

P.42 **4**

1 鍵穴
2 参詣
3 空隙
4 稽〔稽〕古
5 憬
6 橋桁
7 拳銃
8 転嫁
9 花婿
10 余韻
11 坪
12 氷雨
13 頑固
14 殻
15 縫
16 詩吟
17 雑菌
18 逸
19 渓谷
20 警告
21 謙虚
22 検挙
23 締
24 占

ステップ9

P.44 **1**

1 きんこ
2 こう
3 しこ
4 こけつ
5 げんそう
6 いんこう
7 こうりゅう
8 うちまた
9 のどもと
10 とら
11 とくそく
12 あせ
13 はぎょう
14 ひんぱつ
15 おのれ
16 ほりばた
17 めいもう
18 し
19 らいこう
20 みつ
21 そっこう
22 みぞ
23 はあく
24 にぎ

P.45 **2**

1 しょうよう
2 したが
3 じんだい
4 はなは
5 きょうこう
6 おおあわ
7 ぎんえい
8 よ
9 もうじゃ
10 な
11 しきん
12 たまわ
13 こうとう
14 のど
15 こかん
16 またがみ
17 てっさん
18 かさ
19 こっけん
20 あいかぎ

3

1 虎渓
2 尚早
3 先憂
4 漠漠〔漠々〕
5 謹厳
6 遺憾
7 行脚
8 衝天
9 煩悩
10 泰山

P.46 **4**

1 右舷
2 梗概
3 喉仏
4 大股
5 禁錮〔禁固〕
6 勾配
7 汁粉
8 償
9 端
10 余剰
11 訴訟
12 見据
13 祝詞
14 紳士
15 栓
16 枢要
17 旨
18 虎
19 懸命
20 賢明
21 鎮
22 沈
23 駆
24 架

ステップ10

P.48 **1**

1 だんこん　2 ごま　3 ざせつ　4 いのちご
5 ごうぜん　6 ころ　7 さちゅう　8 おこ
9 せっしょう　10 まかな　11 りょうかん　12 ごうふく
13 ろうおう　14 いつわ　15 きょうじゅ　16 つくろ
17 つつし　18 だし　19 かげん　20 つるおと
21 たいだ　22 おこた　23 ついきゅう　24 およ

P.49 **2**

1 換気　2 喚起　3 偏食　4 変色
5 累計　6 類型　7 痕　8 跡

3

1 亻・ごうがん　2 馬・だべん
3 頁・としごろ　4 疒・ぼっこん
5 氵・こうさ　6 巾・ちゃきん
7 禾・こっけい　8 木・いげた
9 勹・こういん　10 口・のどぶえ

P.50 **4**

1 傲岸　2 日頃　3 駒　4 沙　5 血痕
6 挫傷　7 乞　8 亡者　9 透析　10 常夏
11 俊敏　12 若干　13 疎通　14 塚　15 慰
16 遂　17 肯定　18 甲羅　19 貢献　20 後見
21 気勢　22 既成　23 渉外　24 障害

ステップ11

P.52 **1**

1 ようさい　2 かっさい　3 めいさつ　4 せつ
5 ざんさつ　6 あいさつ　7 へいそく　8 ぎ
9 てっさく　10 ふさ　11 しゅんさい　12 きんせい
13 ただ　14 たんさく　15 ます　16 うと
17 しゅうたい　18 ゆいび　19 こんがん　20 ねんご
21 こかつ　22 か　23 さいひょう　24 くだ

P.53 **2**

1 ア・ウ　2 ア・エ　3 ウ・エ
4 イ・エ　5 イ・ウ　6 ア・イ
（順不同）

3

1 采→塞　2 毎→埋　3 貫→陥　4 障→傷
5 危→飢　6 搾→削　7 健→鍵　8 屈→窟
9 斤→巾　10 謹→僅〔僅〕

P.54 **4**

1 古刹　2 塞　3 柵　4 風采　5 斬首
6 挨拶　7 教唆　8 雲泥　9 抄本　10 布石
11 寝　12 泥縄　13 総裁　14 励　15 弾劾
16 襟元　17 老若　18 糧　19 控訴　20 酵素
21 生還　22 静観　23 臨　24 望

ステップ12

1 P.56

1 こうじ
2 しんし
3 しい
4 しっせい
5 ふしゅ
6 しっし
7 えさ
8 しか
9 は
10 えじき
11 しか
12 しゅうか
13 しおづ
14 ていぞう
15 ちつじょ
16 あわ
17 やなぎ
18 ふしょう
19 さんか
20 ひがさ
21 せしゅ
22 ほどこ
23 はっぷん
24 いきどお

2 P.57

1 声
2 禍
3 職
4 茎
5 使
6 器
7 僧
8 閥
9 価
10 度

3

1 a
2 b
3 b
4 a
5 a
6 b

4 P.58

1 嫉
2 恣意
3 真摯
4 薬餌〔餌〕
5 叱責
6 筋腫
7 顕示
8 懲
9 邸宅
10 逸材
11 欠陥
12 江
13 左遷
14 筒先
15 豪傑
16 絡
17 繊細
18 剣
19 大佐
20 大差
21 詐称
22 査証
23 飢
24 植

力だめし 第2回

1 P.59

1 かて
2 きんしょう
3 くし
4 こうがい
5 けたはず
6 こ
7 ふしん
8 てごま
9 どたんば
10 ざんがい

2

1 虍・きこ
2 阝・くうげき
3 穴・まくつ
4 月・しこ
5 木・さくもん
6 飠・しょくじ
7 刂・らせつ
8 心・ほうし
9 手・けんぽう
10 斤・ざんぱつ

3 P.60

1 賄う
2 腫れる
3 挑む
4 矯める
5 緩やかだ
6 挟まる
7 装う
8 過ち
9 瞬か
10 潤す

4

1 イ
2 エ
3 ア
4 エ
5 ウ
6 オ
7 ウ
8 ア
9 ウ
10 ア

5 P.61

1 点→添
2 推→睡
3 機→危
4 業→暁
5 急→窮

6

1 挫折
2 撤退
3 没落
4 中枢
5 稚拙
6 光陰
7 媒介
8 割愛
9 懇意
10 盲点

7 P.62

1 幽谷
2 破邪
3 唯我
4 披露
5 不偏
6 荒唐
7 オ
8 ア
9 カ
10 イ

8

1 返還
2 侍
3 幻想
4 傲然
5 頃
6 鉄瓶
7 鹿
8 錦絵
9 喉元
10 造詣

ステップ13

1 P.64

1 いっしゅう　2 りょうしゅう　3 じゅもん
4 しりご　5 しょうけい(どうけい)　6 ふ
7 しゅうちしん　8 あこが　9 のろ
10 はんそで　11 けち　12 ぬぐ
13 しょうえん　14 こるい　15 あなど
16 きょうりゅう　17 きわ　18 もうら
19 しっこく　20 うるし　21 しゃだん
22 さえぎ　23 ばんしゃく　24 く

2 P.65

1 唯一　2 騰貴　3 虚構　4 諮問　5 丁寧
6 払拭　7 豪傑　8 懲戒　9 伯仲　10 罷免

3

1 ばっぽんそくげん・ウ　2 しっぷうじんらい・ア
3 こじょうらくじつ・オ　4 こぶげきれい・エ
5 じゅうほんぽう・イ

4 P.66

1 憧　2 含羞　3 袖　4 蹴　5 呪縛
6 拭　7 尻馬　8 双肩　9 派閥　10 手繰
11 幸甚　12 諭　13 覇権　14 詠　15 愛猫
16 頻繁　17 炊　18 鹿　19 傘下　20 惨禍
21 謝恩　22 遮音　23 詰　24 摘

ステップ14

1 P.68

1 かくせい　2 かんじん　3 せきちゅう　4 せいぜつ
5 きゅうす　6 しん　7 すそ　8 おろしね
9 かくりょう　10 ひぎょう　11 せいは　12 おとしい
13 ふゆう　14 せ　15 ざいばつ　16 こ
17 か　18 ふところ　19 ごんぎょう　20 つと
21 りょしゅう　22 うれ　23 しゅういつ　24 ひい

2 P.69

1 収・しゅうしゅう　2 酬・ほうしゅう
3 羞・がんしゅう　4 州・おうしゅう
5 凄・せいさん　6 請・ようせい
7 斉・せいしょう　8 清・せいちょう
9 牲・ぎせい　10 逝・せいきょ

3

1 甚→腎　2 訓→勲　3 慈→滋　4 賢→献
5 策→索　6 欺→偽　7 張→腫　8 暫→斬
9 重→渋　10 義→宜

4 P.70

1 腎臓　2 凄惨　3 脊髄　4 芯　5 覚醒
6 必須　7 山裾　8 粉砕　9 抹茶　10 硫黄
11 伯仲　12 佳境　13 眺　14 褒美　15 豪華
16 凍　17 建立　18 怠　19 撮　20 採
21 動揺　22 童謡　23 真偽　24 審議

ステップ 15

1 P.72

1 せんぼう
2 ぜん
3 せんちゃ
4 ふせん
5 うらや
6 ぜんりつせん
7 いんせき
8 せんさく
9 い
10 うらや
11 ちゅうよう
12 たてつぼ
13 どろぬま
14 しんこう
15 しょうじゅつ
16 くぎん
17 ごうもん
18 も
19 てっしょう
20 よい
21 ゆいしょ
22 はなお
23 ざんぱい
24 みじ

2 P.73

1 ア
2 イ
3 エ
4 ア
5 ウ
6 ウ
7 ウ
8 エ
9 オ
10 イ

3

1 剛健
2 徒手
3 堅忍
4 秋霜
5 厚顔
6 発起
7 イ
8 オ
9 エ
10 ウ

4 P.74

1 煎〔煎〕
2 羨
3 親戚
4 食膳
5 便箋〔箋〕
6 所詮〔詮〕
7 涙腺
8 礎
9 韻
10 刷新
11 防疫
12 統
13 借款
14 覆
15 相殺
16 壮烈
17 卸
18 煮
19 補償
20 保障
21 発祥
22 発症
23 交渉
24 高尚

ステップ 16

1 P.76

1 そうそふ
2 そげき
3 ほそく
4 そうかい
5 そうしん
6 そじょう
7 しっそう
8 とら
9 みぞう
10 ねら
11 さかのぼ
12 や
13 よう
14 かいづか
15 りょうてい
16 ほうきゅう
17 きょうりょう
18 ういじん
19 しょうきゃく
20 つぐな
21 だんじき
22 く
23 ひおう
24 おく

2 P.77

1 犭
2 辶
3 曰
4 大
5 疒
6 ⻊
7 扌
8 戈
9 灬
10 月

3

1 爽やかな
2 眺める
3 醸し
4 乏しい
5 譲る
6 窮まる
7 醜い
8 憩う
9 惨めな
10 携え

4 P.78

1 失踪
2 曽孫
3 爽涼
4 遡〔遡〕行
5 狙
6 把捉
7 痩
8 唇
9 音頭
10 年貢
11 巧拙
12 被
13 臭
14 施錠
15 怠惰
16 過剰
17 愛想
18 憤
19 慰安
20 後悔
21 結晶
22 決勝
23 擦
24 刷

ステップ17

P.80 **1**

1 たんせき
2 だき
3 だれかれ
4 たいかん
5 おもてざた
6 たいせき
7 ふそん
8 なまつば
9 つむ
10 うずしお
11 よれい
12 あいびょう
13 こうばく
14 たきぎ
15 めんえき
16 しへい
17 か
18 あまぐつ
19 たんてき
20 はやく
21 きび
22 い
23 ちょうか
24 こ

P.81 **2**

1 星霜
2 遜〔遜〕色
3 歳旦
4 実践
5 爽涼
6 禅譲
7 遷都
8 付箋〔箋〕
9 軍曹
10 推奨

3

1 堆肥
2 退避
3 可塑
4 過疎
5 控訴
6 酵素
7 穂
8 帆

P.82 **4**

1 頂戴
2 唾液
3 謙遜〔遜〕
4 堆積
5 無沙汰
6 元旦
7 誰
8 禍福
9 胸襟
10 搾取
11 神楽
12 堕落
13 症状
14 逮捕
15 風情
16 雪渓
17 窓際
18 苦衷
19 継
20 戯
21 清澄
22 静聴
23 暗礁
24 暗唱

ステップ18

P.84 **1**

1 ちょうふ(てんぷ)
2 せいち
3 じちょう
4 ついかんばん
5 しんちょく
6 しょうちゅう
7 はたん
8 あざけ
9 は
10 ほころ
11 いこ
12 いっぴん
13 さいか
14 ふじょ
15 ふんきゅう
16 いろど
17 かたわ
18 わずら
19 じょうもん
20 どろなわ
21 りん
22 すず
23 しんだん
24 み

P.85 **2**

1 巧緻
2 巧遅
3 脚韻
4 客員
5 懐柔
6 怪獣
7 顕示
8 堅持

3

1 ばきゃく
2 まご
3 おしょう
4 やわ
5 けいき
6 ちぎ
7 しゅうき
8 どろくさ
9 ししょう
10 さわ
11 いじょう
12 ゆず
13 かくじゅう
14 あ
15 しゃめん
16 まぬか(まぬが)
17 ばんそう
18 かな
19 こすい
20 つづみ

P.86 **4**

1 進捗〔捗〕
2 焼酎
3 破綻
4 脊椎
5 貼付(貼附)
6 嘲〔嘲〕笑
7 緻密
8 居候
9 兆
10 艦艇
11 料亭
12 遺憾
13 煮沸
14 性懲
15 駐屯
16 更迭
17 一矢
18 懐
19 刃
20 歯
21 諭旨
22 油脂
23 添乗
24 天井

力だめし 第3回

P.87
1
1 ゆせん　2 いぶき　3 そうかい　4 けんそん
5 たいひ　6 せいさん　7 はか　8 だれ
9 たわむ　10 こうち

2
1 ア　2 オ　3 イ　4 オ　5 ウ
6 エ　7 エ　8 オ　9 イ　10 ア

P.88
3
1 憧れる　2 賄い　3 忍ぶ　4 渋い　5 貢ぐ
6 募る　7 湿ら　8 芳しく　9 虐げる　10 仰せ

4
1 就　2 疎　3 夕　4 果　5 落
6 背　7 幼　8 逆　9 亡　10 答

P.89
5
1 混↓懇　2 促↓捉　3 架↓稼　4 控↓購　5 線↓栓

6
1 覚醒　2 懲罰　3 妥結　4 委細　5 潤沢
6 交渉　7 難儀　8 慶賀　9 逐次　10 倫理

P.90
7
1 オ　2 ウ　3 エ　4 イ　5 ア

8
1 裾野　2 羨望　3 痩身　4 挫折　5 雨靴
6 且　7 配膳　8 騎手　9 払拭　10 目尻

ステップ 19

P.92
1
1 できあい　2 としん　3 せんばづる　4 なまづめ
5 ていねん　6 とばく　7 そうてん　8 ねた
9 あきら　10 おぼ　11 か　12 つまび
13 したた　14 へいしゃ　15 まっちゃ　16 なら
17 こうぼく　18 ゆかい　19 きょうじん　20 はさき
21 げきじん　22 はなは　23 しんぼう　24 あまから

P.93
2
1 ア・ウ　2 ア・イ　3 ア・エ
4 イ・ウ　5 イ・エ　6 ウ・エ
（順不同）

3
1 しゅうちてってい・イ　2 ねつがんれいてい・エ
3 すいせいむし・オ　4 てんいむほう・ア
5 えしゃじょうり・ウ

P.94
4
1 諦観　2 嫉妬　3 爪　4 補塡〔填〕　5 溺〔溺〕
6 鶴　7 賭〔賭〕　8 由　9 恭　10 括弧
11 威嚇　12 惨　13 缶　14 閑散　15 干潟
16 嫌　17 詰問　18 管轄　19 遺漏　20 慰労
21 尚早　22 焦燥　23 挿　24 刺

ステップ 20

1
P.96

1 だんな
2 かっとう
3 どうこう
4 せいとん
5 どんぶりめし
6 どんよく
7 ひとみ
8 ふじ
9 てんどん
10 しょみん
11 ひけん
12 ことだま
13 せとぎわ
14 なんじゅう
15 すうはい
16 つつぬ
17 しゅんびん
18 ぜんじ
19 きゅうせい
20 い
21 せいがん
22 ちか
23 かくぜつ
24 へだ

2
P.97

1 艹・くさかんむり
2 目・めへん
3 木・きへん
4 頁・おおがい
5 貝・かい・こがい
6 丶・てん
7 阝・おおざと
8 酉・とりへん
9 鳥・とり
10 言・ごんべん

3

1 惜しい
2 磨く
3 崩れる
4 潤ま
5 企てる
6 貪る
7 抱える
8 疎ま
9 並びに
10 彩る

4
P.98

1 葛〔葛〕藤
2 刹那
3 貪欲
4 丼鉢
5 停頓
6 瞳
7 託
8 貢
9 苗木
10 土壇場
11 諸侯
12 潔
13 丘陵
14 窮余
15 献上
16 唆
17 国璽
18 産着
19 浸水
20 心酔
21 勧奨
22 感傷
23 更
24 老

ステップ 21

1
P.100

1 ねんてん
2 ばとう
3 なぞ
4 にじ
5 にお
6 なべ
7 ののし
8 なし
9 こうてつ
10 しゅひん
11 ほ
12 きゅうとう
13 あざむ
14 ういうい
15 あんねい
16 にな
17 けいふ
18 ちゅうしん
19 すいせん
20 すす
21 せんぷく
22 ひそ
23 きょうきん
24 えりもと

2
P.101

1 イ
2 ア
3 ウ
4 オ
5 エ
6 ウ
7 ア
8 エ
9 ア
10 ウ

3

1 a
2 b
3 a
4 a
5 a
6 b

4
P.102

1 捻挫
2 虹
3 罵声
4 謎〔謎〕
5 匂
6 鍋
7 塊
8 忌
9 升席
10 荘厳
11 暁
12 嫌悪
13 郷愁
14 培養
15 挑
16 丁寧
17 煩悩
18 菊
19 実践
20 実戦
21 旋風
22 扇風
23 架線
24 河川

ステップ22

1 P.104

1 しょうび　2 はくだつ　3 はんてん　4 はんよう
5 はんらん　6 はし　7 は　8 ならく
9 やっかん　10 かんこどり　11 まんべん　12 ほたる
13 ぎじ　14 つ　15 ほうしょう　16 しぶ
17 はさ　18 もんぴ　19 そろう　20 うと
21 そうわ　22 さ　23 そうしつ　24 も

2 P.105

1 くもつ　2 そな　3 ろうおう　4 ふ
5 げんがく　6 ゆみづる　7 きつもん　8 つ
9 ひけん　10 かたはば　11 きゅうはく　12 きわ
13 とうか　14 ふじいろ　15 きょうげき　16 た
17 かいこ　18 なつ　19 しゅうぎ　20 いわ

3

1 秀麗　2 兼行　3 教唆　4 内剛　5 暮改
6 粛正　7 オ　8 ア　9 ウ　10 カ

4 P.106

1 剝〔剥〕製　2 氾濫〔汎濫〕　3 紅斑　4 菜箸〔箸〕　5 汎用
6 眉間　7 勇敢　8 満喫　9 富貴　10 空漠
11 酔　12 善処　13 契約　14 解剖　15 狂奔
16 眉　17 壮観　18 創刊　19 総長　20 荘重
21 操作　22 捜査　23 倣　24 習

ステップ23

1 P.108

1 かんぺき　2 ひざがしら　3 いんぺい　4 かたひじ
5 せんべい　6 ふほう　7 しりもち　8 けつぶつ
9 しゅうび　10 しゅこう　11 きら　12 こくひょう
13 はんぷ　14 うね　15 にんぷ　16 まもう
17 かたよ　18 てったい　19 きが　20 う
21 けんじ　22 かたくる　23 すいじょう　24 ほさき

2 P.109

1 氵　2 目　3 月　4 言　5 一
6 艹　7 飠　8 釒　9 罒　10 刂

3

1 建蔽〔蔽〕　2 憲兵　3 鶏舎　4 傾斜
5 胆汁　6 短銃　7 凝　8 懲

4 P.110

1 訃音　2 遮蔽〔蔽〕　3 双璧　4 草餅〔餅〕　5 膝
6 肘　7 祝宴　8 王冠　9 削　10 静粛
11 教諭　12 履修　13 瀬　14 隅　15 羅列
16 検疫　17 審判　18 比肩　19 開墾　20 悔恨
21 洗濯　22 選択　23 荒　24 粗

力だめし 第4回

P.111 **1**
1 こうどく 2 さいりょう 3 こうはん 4 こんせき
5 はくせい 6 ぼんさい 7 ひざづ 8 つ
9 こうでい 10 どんぶりばち

2
1 ク 2 キ 3 イ 4 エ 5 コ

P.112 **3**
1 溺〔溺〕れる 2 欲する 3 隔てる 4 膨らむ
5 惜しむ 6 染みる 7 諭す 8 傍ら
9 葬る 10 遮る

4
1 イ 2 ア 3 ア 4 オ 5 ウ
6 エ 7 ウ 8 イ 9 オ 10 エ

P.113 **5**
1 粘→捻 2 至→賜 3 退→逮 4 査→詐 5 細→砕

6
1 分析 2 拙宅 3 壮健 4 実践 5 清澄
6 刹那 7 踏襲 8 平癒 9 傑出 10 仲裁

P.114 **7**
1 イ 2 オ 3 ア 4 エ 5 ウ

8
1 腰痛 2 藤色 3 隠蔽〔蔽〕 4 肩肘 5 瞳孔
6 昔日 7 梨 8 謀反 9 衷心 10 貪

ステップ 24

P.116 **1**
1 ほうき 2 しんぼく 3 けいべつ
4 ほにゅうるい 5 ほおば 6 びぼう
7 はち 8 さげす 9 しょうそう
10 さいじょう 11 とうほん 12 ながわずら
13 あさ 14 ていたく 15 かまもと
16 ちょうか 17 しょうろく 18 ちくじ
19 ちょうはつ 20 いど 21 ちょうい
22 とむら 23 けんあん 24 か

P.117 **2**
1 容貌 2 要望 3 諮問 4 指紋
5 搬送 6 帆走 7 懸賞 8 検証

3
1 かいとうらんま・エ 2 こうろんたくせつ・ア
3 じじょうじばく・オ 4 よくようとんざ・ウ
5 しゅうじんかんし・イ

P.118 **4**
1 哺乳 2 侮蔑 3 変貌 4 頻〔頻〕 5 養蜂
6 和睦 7 惰性 8 披露 9 醸 10 横殴
11 貨幣 12 契 13 悠久 14 憩 15 蚊
16 恐竜 17 棚 18 銘 19 普請 20 不振
21 催促 22 細則 23 彫 24 掘

ステップ25

1 P.120

1 あいまい
2 やきん
3 ぼっぱつ
4 めいど
5 ひじまくら
6 めんぼう
7 みつ
8 みょうが
9 やくびょうがみ
10 ひがた
11 ぼくじゅう
12 かこん
13 えま
14 きざ
15 くんこう
16 とどこお
17 くり
18 ほうむ
19 げどく
20 と
21 ちょうめい
22 す
23 ちょうかい
24 こ

2 P.121

1 イ
2 ア
3 ウ
4 ア
5 オ
6 ウ
7 オ
8 エ
9 エ
10 ア

3

1 没↓勃
2 詔↓訟
3 蜜↓密
4 謝↓遮
5 順↓准
6 承↓祥
7 淑↓粛
8 捕↓哺
9 賓↓頻
10 配↓廃

4 P.122

1 枕元
2 鍛冶
3 三昧
4 蜜蜂
5 勃発
6 麺類
7 冥利
8 地殻
9 恭順
10 督促
11 培
12 模擬
13 打撲
14 据
15 満悦
16 囲碁
17 特例
18 督励
19 更新
20 香辛
21 均衡
22 近郊
23 藻
24 喪

ステップ26

1 P.124

1 ゆうしゅつ
2 かいよう
3 ようえん
4 あんゆ
5 ひよく
6 やみよ
7 やじ
8 わ
9 あや
10 かんかつ
11 ひとがき
12 しず
13 ざっきん
14 かもん
15 しゅんけつ
16 はやく
17 のら
18 すうじく
19 ほうのう
20 たてまつ
21 しこう
22 うかが
23 さつえい
24 と

2 P.125

1 弓・やよい
2 門・うすやみ
3 口・ちょくゆ
4 氵・ゆうせん
5 女・ようせい
6 虫・みつまめ
7 冖・ゆうめい
8 木・ひざまくら
9 麦・せいめん
10 豸・ふうぼう

3

1 枯渇
2 下賜
3 逸材
4 凝固
5 哀悼
6 前途
7 唐突
8 悠久
9 懸念
10 他界

4 P.126

1 闇雲
2 弥生
3 湧
4 妖怪
5 沃土
6 比喩〔喻〕
7 腫瘍
8 悠揚
9 穏便
10 応酬
11 待遇
12 雇
13 斉唱
14 安泰
15 墨
16 酌
17 官邸
18 鑑定
19 幻覚
20 厳格
21 発酵
22 発効
23 射
24 鋳

ステップ 27

1 P.128

1 しゅつらん　2 りつぜん　3 らち　4 らつわん
5 はんりょ　6 りょうぜん　7 り　8 あいぞ
9 かぐら　10 きかん　11 かんば　12 こ
13 けが　14 たむ　15 がんしょう　16 けんちょ
17 はいおく　18 いっかつ　19 ついとう　20 いた
21 びょうどう　22 むねあ　23 えんとう　24 つつさき

2 P.129

1 a　2 b　3 b
4 b　5 a　6 b

3

1 墨客　2 拙速　3 内疎　4 懇切　5 壮大
6 誇大　7 一目　8 普遍　9 一貫　10 粗製

4 P.130

1 藍　2 辛辣　3 僧侶　4 明瞭　5 戦慄
6 璃　7 拉致　8 歯茎　9 呈　10 彫刻
11 廃材　12 睡眠　13 学閥　14 緩　15 漸増
16 謹　17 棄権　18 猟師　19 搭乗　20 登場
21 柿　22 垣　23 慶弔　24 軽重

ステップ 28

1 P.132

1 ぐろう　2 わきばら　3 とうろう　4 さんろく
5 ふろ　6 わいろ　7 じょうるり　8 もてあそ
9 ふもと　10 かご　11 おごそ　12 だんがい
13 ものう　14 おうへい　15 しょうほん　16 おお
17 きょうじゅん　18 す　19 じゅうなん　20 やわ
21 でいたん　22 どろぼう　23 とくしゅ　24 こと

2 P.133

1 侮る　2 奉る　3 涼しい
4 忍ばせる　5 弔う　6 紡ぐ
7 懲りる　8 絡まる　9 剥〔剝〕がし
10 催す

3

1 オ　2 イ　3 ア　4 イ
5 ウ　6 ア　7 エ　8 オ
9 エ　10 ウ

4 P.134

1 籠城　2 語呂　3 翻弄　4 賄賂　5 脇目
6 山麓　7 瑠璃　8 産声　9 虚勢　10 納戸
11 絵馬　12 掃　13 緊迫　14 克服　15 交錯
16 覆　17 暴騰　18 冒頭　19 荒涼　20 綱領
21 釣果　22 超過　23 胸　24 棟

力だめし 第5回

1 P.135

1 かんめん　2 うたい　3 せんりつ　4 よくや　5 とりかご
6 きふ　7 つちか　8 わぼく　9 かんぐ　10 あくらつ

2

1 玉　2 艹　3 頁　4 力　5 疒
6 扌　7 亻　8 王　9 貝　10 文

3 P.136

1 廃れる　2 憤る　3 辱める　4 慰める　5 弄ば
6 憧れ　7 慌てる　8 促す　9 兆し　10 定かで

4

1 城　2 身　3 疫　4 賄　5 意
6 郷　7 元　8 任　9 事　10 楽

5 P.137

1 イ　2 エ　3 ウ　4 オ　5 ア
6 イ　7 イ　8 オ　9 エ　10 ア

6

1 余剰　2 恒久　3 惨敗　4 酷評　5 曖昧
6 変遷　7 秀逸　8 強壮　9 酌量　10 墨守

7 P.138

1 イ　2 オ　3 ア　4 ウ　5 エ

8

1 藍染　2 蜂起　3 容貌　4 湧出　5 販路
6 陶冶　7 控　8 麓　9 猛者　10 利

弱点発見テスト 1 読み
P.140

1 こっけい
2 ふせん
3 けんじゅう
4 しゅよう
5 どうくつ
6 とんぷく
7 ふとん
8 おでい
9 はいえつ
10 そうぎょう
11 こしょう
12 ちょうじ
13 えしゃく
14 かんきゃく
15 りやく
16 かんおう
17 ふうとう
18 さいせき
19 かんしつ
20 にょじつ
21 こうずか
22 へいよう
23 かぎあな
24 はちみつ
25 ひざ
26 とうせき
27 はずかし
28 むね
29 よそお
30 は

弱点発見テスト 2 部首
P.141

1 色
2 言
3 一
4 广
5 忄
6 行
7 麻
8 酉
9 音
10 冫

弱点発見テスト 3 熟語の構成
P.141

1 ウ
2 ア
3 イ
4 ウ
5 オ
6 エ
7 ウ
8 ア
9 オ
10 イ

弱点発見テスト 4 四字熟語
P.142

1 秩序
2 方底
3 果敢
4 勉励
5 換骨
6 気炎
7 平等
8 喝采
9 傍若
10 多岐
11 オ
12 ウ
13 カ
14 ケ
15 イ

弱点発見テスト 5 対義語・類義語
P.143

1 斬新
2 卑近
3 消耗
4 一括
5 罷免
6 貢献
7 機嫌
8 籠絡
9 梗概
10 肯定

弱点発見テスト 6 同音・同訓異字
P.143

1 語彙
2 語意
3 虎口
4 孤高
5 投棄
6 騰貴
7 奔放
8 本邦
9 堪
10 絶

弱点発見テスト 7 誤字訂正
P.144

1 烈→裂
2 答→悼
3 壁→璧
4 破→覇
5 鉄→撤

弱点発見テスト 8 送りがな
P.144

1 恭しい
2 痩せる
3 覆す
4 漏れる
5 麗しい

弱点発見テスト 9 書き取り
P.145

1 潰
2 布巾
3 尻目
4 狙撃
5 蔑
6 伴侶
7 脇見
8 棚上
9 枠組
10 船舶
11 壮健
12 肌
13 妥当
14 薫陶
15 駆逐
16 殴
17 擦
18 融通
19 霜柱
20 抗菌
21 貴賓
22 蛇足
23 薄氷
24 塞翁
25 真珠

パワーアップ① 読み

P.148

1

1 しっぺい　2 きゃたつ　3 へんきょう
4 しが　5 ねんざ　6 うっくつ
7 さんろう　8 はくらく　9 けいぶ
10 ゆうぜい　11 かいたい　12 しゃふつ
13 そうこう　14 せじょう　15 すうこう
16 ふせつ　17 あんたい　18 すなあらし
19 ちご　20 さと　21 こ
22 うば

P.149

2

1 ひめん　2 くどく　3 おんりょう
4 しんらつ　5 ぐまい　6 とんち
7 じじょう　8 たんざく　9 さいご
10 そうにゅう　11 はんざつ　12 けんお
13 さいやく　14 ようぎょう　15 あんぎゃ
16 ろてい　17 ちょうじり　18 わきやく
19 つぶ　20 はば　21 みさき
22 ふ　23 はか　24 てぜま

P.150

3

1 しっせき　2 うっぷん　3 こうばい
4 べっし　5 おくだん　6 と
7 じみ　8 しょうがい　9 じょうじゅ
10 させん　11 せんさい　12 はんれい
13 しっき　14 そうごん　15 だじゃく
16 かいきん　17 じんりん　18 りこう
19 ゆうたいるい　20 すいしょう　21 じょうせい
22 じゅんきょう　23 は　24 さび

P.151

4

1 じゅばく　2 ちんうつ　3 ろうらく
4 さいち　5 ほうよく　6 とんさい
7 はくび　8 けんま　9 かどう
10 しはい　11 ふってい　12 おうだ
13 さしょう　14 ていさつ　15 こうし
16 しゃこう　17 しせい　18 きゅうだん
19 しょうかん　20 なや　21 たづな
22 くつずみ　23 かつ　24 うらかぜ

1 P.152

1 衣 2 丨 3 釒 4 穴 5 亻
6 酉 7 爫 8 瓦 9 貝 10 肉
11 山 12 骨 13 頁 14 卜 15 戸
16 儿 17 辰 18 羊 19 斉 20 土
21 木 22 殳 23 辛 24 方 25 氺
26 石 27 目 28 口 29 夕 30 凵

2 P.153

1 土 2 虍 3 竜 4 金 5 自
6 十 7 至 8 卩 9 罒 10 亠
11 耒 12 欠 13 ⺮ 14 甘 15 虫
16 ノ 17 艹 18 羊 19 忄 20 刀
21 口 22 瓦 23 田 24 辶 25 手
26 戈 27 大 28 二 29 糸 30 儿
31 舟 32 糸 33 日 34 一

3 P.154

1 弓 2 力 3 衣 4 日 5 乙
6 爪 7 目 8 幺 9 糸 10 艹
11 鳥 12 疒 13 鬼 14 人 15 彡
16 釆 17 土 18 口 19 巾 20 耂
21 辛 22 羽 23 尸 24 釒 25 臼
26 月 27 忄 28 卜 29 革 30 衣
31 夊 32 罒 33 頁 34 旡

4 P.155

1 辛 2 ⻊ 3 勹 4 廾 5 歹
6 口 7 入 8 尸 9 虍 10 田
11 木 12 尸 13 殳 14 扌 15 糸
16 土 17 彳 18 門 19 走 20 亅
21 大 22 又 23 玄 24 頁 25 韋
26 冫 27 月 28 穴 29 彳 30 革
31 士 32 女 33 豕 34 釆

5 P.156

1 日 2 尸 3 艹 4 ⺮ 5 亠
6 火 7 冫 8 音 9 匚 10 斗
11 十 12 舟 13 田 14 彑 15 肉
16 矢 17 又 18 廾 19 卜 20 小
21 曰 22 禾 23 丶 24 舛 25 衤
26 王 27 扌 28 犬 29 車 30 斤
31 口 32 歹 33 土 34 髟

パワーアップ③ 熟語の構成

P.157

1

1 ア	6 ウ	11 ア	16 ア	21 ウ	
2 ウ	7 ア	12 ア	17 エ	22 オ	
3 ア	8 ウ	13 エ	18 エ	23 ウ	
4 イ	9 ウ	14 ア	19 エ	24 オ	
5 イ	10 ア	15 エ	20 ウ		

P.158

2

1 イ	6 エ	11 ア	16 オ	21 ア	26 エ
2 ア	7 ア	12 ウ	17 ウ	22 ウ	27 ウ
3 ウ	8 イ	13 エ	18 ア	23 ウ	28 ア
4 ア	9 ウ	14 ア	19 ウ	24 オ	
5 ウ	10 ウ	15 ア	20 エ	25 ウ	

P.159

3

1 ア	6 オ	11 エ	16 エ	21 エ	26 オ
2 イ	7 ア	12 イ	17 ア	22 ウ	27 ウ
3 ウ	8 ア	13 ア	18 ウ	23 ウ	28 ウ
4 ア	9 エ	14 ア	19 ウ	24 エ	
5 ウ	10 ア	15 ウ	20 ウ	25 ア	

P.160

4

1 ア	6 ウ	11 ア	16 ア	21 オ	26 ウ
2 イ	7 エ	12 ウ	17 ウ	22 ア	27 ウ
3 ア	8 ア	13 エ	18 オ	23 ウ	28 エ
4 ウ	9 ウ	14 ア	19 ア	24 エ	
5 ア	10 エ	15 ウ	20 ウ	25 ウ	

P.161

5

1 ア	6 オ	11 ウ	16 ア	21 エ	26 ウ
2 ウ	7 ア	12 エ	17 ウ	22 ア	27 イ
3 エ	8 ウ	13 ア	18 エ	23 ウ	28 ウ
4 ア	9 ウ	14 ウ	19 ア	24 エ	
5 ウ	10 ア	15 エ	20 ウ	25 イ	

パワーアップ④ 四字熟語

1 P.162

1 千里
2 相制
3 止水
4 三斗
5 東奔
6 百鬼
7 軽挙
8 暮四
9 キ
10 ウ
11 エ
12 オ
13 ア

2 P.163

1 必滅
2 浮木
3 奇抜
4 山紫
5 五裂
6 馬耳
7 背反
8 胆大
9 万緑
10 舞文
11 オ
12 カ
13 ケ
14 エ
15 イ

3 P.164

1 兼利
2 以徳
3 割拠
4 躍如
5 大胆
6 孤立
7 砕身
8 滅裂
9 正銘
10 唯一
11 コ
12 エ
13 キ
14 ク
15 イ

4 P.165

1 恋雲
2 千紫
3 惑衆
4 懲悪
5 和衷
6 蛇尾
7 巧言
8 有為
9 酒池
10 盛衰
11 オ
12 ケ
13 キ
14 カ
15 イ

5 P.166

1 玉食
2 森羅
3 一騎
4 鶏口
5 隻語
6 辛苦
7 変化
8 熟読
9 禍福
10 隠忍
11 ア
12 コ
13 ウ
14 ケ
15 オ

パワーアップ⑤ 対義語・類義語

1 P.167

1 枯渇　2 概略　3 堕落　4 緻密　5 怨念　6 逝去　7 中枢　8 緒言

2

1 崇拝　2 哀悼　3 狭量　4 治癒　5 謙虚　6 斬新　7 辛酸　8 流浪　9 断崖　10 勲功

3 P.168

1 喪失　2 拙劣　3 飢餓　4 濃厚　5 迅速　6 勾配　7 完璧　8 謀反　9 恭順　10 安泰

4

1 貪欲　2 秘匿　3 酷寒　4 虚偽　5 汚濁　6 辛辣　7 駆逐　8 寡黙　9 日頃　10 忍耐

5 P.169

1 凡庸　2 勃興　3 普遍　4 過剰　5 刹那　6 真摯　7 僧侶　8 紛糾　9 抄録　10 撲滅

6

1 虐待　2 融解　3 快諾　4 侮蔑　5 荘重　6 幽閉　7 妥協　8 安寧　9 浴槽　10 捻出

7 P.170

1 肥沃　2 左遷　3 舶来　4 暗愚　5 懐柔　6 親睦　7 丁寧　8 殊勲　9 同僚　10 潤沢

8

1 勃興　2 催眠　3 秩序　4 束縛　5 穏健　6 配慮　7 敢闘　8 欠陥　9 邸宅　10 勘弁

9 P.171

1 罵倒　2 軽侮　3 簡潔　4 享楽　5 慶賀　6 普請　7 双璧　8 謹呈　9 陶酔　10 沿革

10

1 擁護　2 拒否　3 縫合　4 貫徹　5 頑健　6 泰然　7 容貌　8 枢軸　9 邪魔　10 恒久

パワーアップ⑥ 同音・同訓異字

1 P.172

1 焼酎　2 掌中　3 咽喉　4 淫〔淫〕行　5 壮烈　6 葬列　7 環状　8 勘定　9 墨　10 隅　11 裂　12 割　13 琴　14 異　15 棟　16 旨

2 P.173

1 妨害　2 望外　3 私怨　4 支援　5 艦艇　6 鑑定　7 剰余　8 譲与　9 謹聴　10 緊張　11 冒　12 犯　13 縄　14 苗　15 漏　16 盛　17 煎〔煎〕　18 鋳

P.174
3

1 諦観
2 定款
3 登記
4 陶器
5 蛍光
6 携行
7 傾倒
8 系統
9 慶事
10 掲示
11 賭〔賭〕
12 掛
13 殻
14 柄
15 駆
16 刈
17 蒸
18 群

P.175
4

1 管制
2 閑静
3 奨励
4 症例
5 推戴
6 酔態
7 紛糾
8 墳丘
9 施策
10 試作
11 履
12 吐
13 繭
14 眉
15 柄
16 重
17 拭
18 噴

P.176
5

1 瞳孔
2 動向
3 渉外
4 生涯
5 警鐘
6 継承
7 応酬
8 押収
9 循環
10 旬刊
11 酢
12 巣
13 渇
14 乾
15 浦
16 裏
17 常
18 床

パワーアップ⑦ 誤字訂正

P.177
1

1 邸↓廷
2 恐↓脅
3 蒸↓醸
4 活↓喝
5 超↓懲
6 旧↓臼
7 受↓呪
8 粉↓紛
9 賞↓奨
10 鉄↓徹

P.178
2

1 班↓斑
2 奨↓償
3 疾↓嫉
4 座↓挫
5 審↓診
6 床↓礁
7 醸↓浄
8 復↓服
9 尽↓甚
10 備↓微
11 看↓緩

P.179
3

1 謄↓騰
2 道↓洞
3 玄↓舷
4 全↓漸
5 退↓耐
6 積↓析
7 用↓要
8 早↓壮
9 集↓収
10 効↓講
11 倉↓槽

P.180
4

1 満↓慢
2 失↓疾
3 辺↓偏
4 符↓譜
5 甚↓迅
6 共↓享
7 折↓窃
8 緩↓喚
9 殺↓刹
10 候↓向
11 愁↓羞

P.181
5

1 悠→猶
2 岩→頑
3 窟→掘
4 恣→摯
5 該→概
6 衝→渉
7 型→潟
8 収→酬
9 察→拶
10 括→轄
11 致→緻

パワーアップ⑧ 送りがな

P.182
1

1 滞る
2 萎える
3 更ける
4 揺らぐ
5 遡〔遡〕る
6 綻びる
7 掲げる
8 賭〔賭〕ける
9 免れる
10 狙う
11 若しくは
12 隔たり
13 怪しむ
14 遂げる
15 鍛える
16 慕う
17 翻る
18 伴う

P.183
2

1 潰し
2 嘲〔嘲〕る
3 赴く
4 既に
5 衰える
6 繕う
7 欺く
8 朽ちる
9 漂う
10 宛てる
11 腫らし
12 羨む
13 穏やかな
14 妨げ
15 凍える
16 揚げる
17 熟れる
18 臭い
19 潔い
20 費やす

P.184
3

1 僅〔僅〕かな
2 潜む
3 諦める
4 蔑む
5 漏らす
6 怠ら
7 妬む
8 剝〔剥〕げる
9 潤う
10 汚らわしい
11 巧みな
12 唆さ
13 縛る
14 甚だしい
15 裂ける
16 操る
17 厚かましい
18 憎らしい
19 嘆かわしい
20 褒める

P.185
4

1 紛らわしい
2 滅びる
3 叱る
4 捉える
5 煩わしい
6 疎い
7 塞ぐ
8 賢く
9 淫〔淫〕らな
10 焦る
11 匂う
12 飽かし
13 脅し
14 削る
15 伏せる
16 煙る
17 著しい
18 酸っぱい
19 全く
20 損ねる

P.186
5

1 呪わ
2 罵る
3 拭う
4 妖しい
5 剝〔剥〕がれる
6 揺する
7 擦れる
8 覆わ
9 秀でる
10 損なう
11 老ける
12 反らす
13 和らげる
14 強いる
15 懐か
16 偽ら
17 渋る
18 甚だ
19 疎ましく
20 憤り

パワーアップ⑨ 書き取り

1 P.187

1 蜜
2 完璧
3 風呂
4 雪辱
5 盆栽
6 薫風
7 弁償
8 肖像
9 抹消
10 便宜
11 宵闇
12 裾
13 命懸
14 棟上
15 悟
16 目深
17 神神（神々）
18 磨
19 挟
20 暴
21 沙汰
22 蜂

2 P.188

1 鍵盤
2 軽蔑
3 消耗
4 偽造
5 水泡
6 選択
7 泥流
8 鉄扉
9 臼
10 綻
11 狙
12 堀
13 滑
14 貝塚
15 竜巻
16 愚
17 賜
18 脅
19 渋
20 戻
21 桟敷
22 尻
23 唾
24 煙

3 P.189

1 斬新
2 哺乳類
3 年俸
4 模倣
5 索引
6 渓流
7 急騰
8 魂胆
9 昇格
10 雰囲気
11 厄介
12 爪先
13 蜂蜜
14 腫
15 脇道
16 焦
17 否
18 茎
19 巧
20 逝
21 募
22 炎
23 稼
24 宵越

4 P.190

1 整頓
2 親睦
3 冥福
4 洞察
5 予鈴
6 祝儀
7 還元
8 循環
9 秩序
10 艦隊
11 撤廃
12 把握
13 地肌
14 俺
15 弄
16 偽札
17 襟
18 怠
19 哀
20 濁
21 又貸
22 仰
23 闇夜
24 呪

2級 総まとめ① 標準解答

(一) 読み (30)

1	2	3	4	5	6	7	8	9	10	11	12	13	14	15
うっけつ	しっと	ちょうば	せきつい	るいせん	さいはい	そんしょく	きんちゃく	はんか	せんきょう	くうそ	いかん	えいそう	かいゆ	ししゅく

1×30

(二) 部首 (10)

1	2	3	4	5	6	7	8	9	10
虍	氵	彡	木	日	凵	穴	山	手	巾

1×10

(四) 四字熟語 (30)

問1 書き取り

1	2	3	4	5	6	7	8	9
虎皮	冷諦	滅却	翼翼（翼々）	衝天	妙計	春宵	雲泥	添花

2×10

(五) 対義語・類義語 (20)

1	2	3	4	5	6	7	8	9	10
軽蔑	謙虚	陳腐	寛容	拙速	刹那	窮乏	辣腕	荘重	逝去

2×10

(七) 誤字訂正 (10)

	1	2	3	4	5
誤	状	砲	丙	採	疑
正	壌	蜂	幣	栽	欺

2×5

(八) 漢字と送りがな (10)

1	2	3
施し	滑らかな	羨ましい

2×5

6	7	8	9	10	11	12	13	14	15
門扉	包括	凶刃	打診	王妃	帰依	半袖	土鍋	両脇	駒

30	29	28	27	26	25	24	23	22	21	20	19	18	17	16
あやま	うれ	としは	しる	すた	から	ますめ	かた	いな	ひじ	さんいつ	じゅんぼく	しゅびょう	ごうそう	きょうぎ

㈢ 熟語の構成 ⑳

10	9	8	7	6	5	4	3	2	1
ア	オ	ウ	エ	イ	イ	オ	エ	ウ	ア

2×10

15	14	13	12	11	問2 意味	10
ウ	ク	エ	ア	カ		清廉

2×5

㈥ 同音・同訓異字 ⑳

10	9	8	7	6	5	4	3	2	1
組	酌	不審	普請	扶養	浮揚	優秀	幽囚	弾劾	断崖

2×10

5	4
嫌がっ	奏でる

㈨ 書き取り (50)

5	4	3	2	1
平衡	炎症	頓挫	痕跡	鉢

2×25

25	24	23	22	21	20	19	18	17	16
蓋	葬	網棚	上塗	魂	舌鼓	競	弦	酢	闇

2級 総まとめ ② 標準解答

(一) 読み (30)

1	2	3	4	5	6	7	8	9	10	11	12	13	14	15
おくびょう	せん	せんぎ	めいど	いんうつ	わくでき	ゆうきゅう	こうじょ	かくちく	おかん	ぼうしょく	せんか	けんぽん	じしゅく	くんとう

1×30

(二) 部首 (10)

1	2	3	4	5	6	7	8	9	10
缶	ネ	力	虫	金	頁	口	矛	女	土

1×10

(四) 四字熟語 (30)

問1 書き取り

1	2	3	4	5	6	7	8	9
即妙	冬扇	必衰	抜山	鬼没	抑揚	唯唯（唯々）	簡単	泰然

2×10

(五) 対義語・類義語 (20)

1	2	3	4	5	6	7	8	9	10
恥辱	美麗	罵倒	添加	強壮	憤慨	披露	完璧	采配	報酬

2×10

(七) 誤字訂正 (10)

	1	2	3	4	5
誤	益	範	形	登	沸
正	疫	判	詣	搭	湧

2×5

(八) 漢字と送りがな (10)

1	2	3
偏る	焦がす	紛れ

2×5

6	7	8	9	10	11	12	13	14	15
酷似	一律	挑発	駄賃	累計	異臭	奪還	拭	枕	諦

16	17	18	19	20	21	22	23	24	25	26	27	28	29	30
そうさく	せいか	けんえん	ちょうもん	へい	かご	すその	ひじ	とら	ひぶた	き	うるしぬ	おもかげ	いしずえ	こうごう

(三) 熟語の構成 (20)

1	2	3	4	5	6	7	8	9	10
ウ	ア	オ	エ	イ	ウ	イ	オ	エ	ア

2×10

10	問2 意味	11	12	13	14	15
孤軍		ケ	イ	カ	ク	ア

2×5

(六) 同音・同訓異字 (20)

1	2	3	4	5	6	7	8	9	10
宣誓	専制	真摯	紳士	透析	党籍	過敏	花瓶	刃	端

2×10

4	5
塞がる	漬ける

(九) 書き取り (50)

1	2	3	4	5
捻出	肥沃	亀裂	充当	渇水

2×25

16	17	18	19	20	21	22	23	24	25
片隅	猫	繭	基	鶏	憂	鍛	窯元	畳	鍵

都道府県名

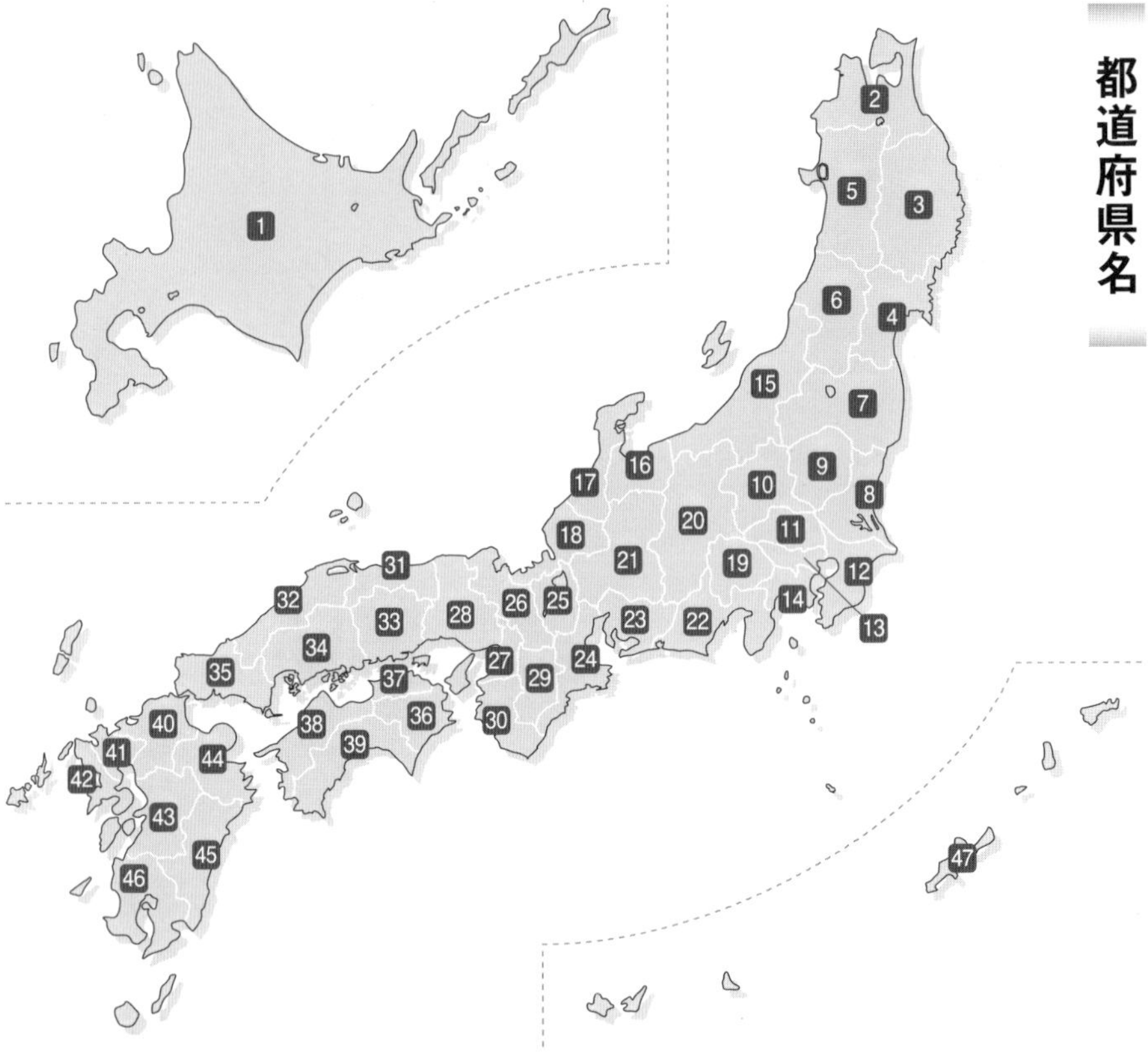

16	15	14	13	12	11	10	9	8	7	6	5	4	3	2	1
富山《とやま》県	新潟《にいがた》県	神奈川《かながわ》県	東京都《とうきょうと》	千葉《ちば》県	埼玉《さいたま》県	群馬《ぐんま》県	栃木《とちぎ》県	茨城《いばらき》県	福島《ふくしま》県	山形《やまがた》県	秋田《あきた》県	宮城《みやぎ》県	岩手《いわて》県	青森県《あおもりけん》	北海道《ほっかいどう》

32	31	30	29	28	27	26	25	24	23	22	21	20	19	18	17
島根《しまね》県	鳥取《とっとり》県	和歌山《わかやま》県	奈良《なら》県	兵庫《ひょうご》県	大阪《おおさか》府	京都府《きょうとふ》	滋賀《しが》県	三重《みえ》県	愛知《あいち》県	静岡《しずおか》県	岐阜《ぎふ》県	長野《ながの》県	山梨《やまなし》県	福井《ふくい》県	石川《いしかわ》県

47	46	45	44	43	42	41	40	39	38	37	36	35	34	33
沖縄《おきなわ》県	鹿児島《かごしま》県	宮崎《みやざき》県	大分《おおいた》県	熊本《くまもと》県	長崎《ながさき》県	佐賀《さが》県	福岡《ふくおか》県	高知《こうち》県	愛媛《えひめ》県	香川《かがわ》県	徳島《とくしま》県	山口《やまぐち》県	広島《ひろしま》県	岡山《おかやま》県